CB062325

"Apaixonada por arte, aos 7 anos iniciei meus estudos em arte e pintei minha primeira tela. Desde então, nunca mais deixei meus pincéis e minhas cores. Sempre foi por meio da arte que expressei meus sentimentos, meus sonhos e é como me realizo. Por isso optei por ser arte-educadora."

Angela Anita Cantele

"Aprendi a gostar de arte e história desde pequena. Meu pai me contava histórias e mostrava figuras de arte e dizia que toda história tem arte e toda arte tem história. Lembro-me de quando ganhei uma lousa e uma caixa de giz... Brincava de professora e queria ensinar, contar histórias e desenhar. Cresci, me formei em História da Arte e depois em História. É um caso de amor."

Bruna Renata Cantele

4ª edição
São Paulo
2023

ARTE E HABILIDADE

ANGELA ANITA CANTELE
BRUNA RENATA CANTELE

5º ano

ENSINO FUNDAMENTAL
ANOS INICIAIS

IBEP

Angela Anita Cantele

Formada pela Faculdade de Belas Artes de São Paulo em Artes Plásticas e bacharel em Desenho.
Curso de *design* de interiores pela Escola Panamericana de Arte e *Design*. Cursos de artesanato, dobradura, pintura em tela e aquarela.
Especialização de pintura em seda pura.
Curso de História da Arte em Florença e Veneza, Itália.
Autora de livros didáticos e paradidáticos, arte-educadora.

Bruna Renata Cantele

Mestre em Educação e historiadora.
Curso de Desenho Artístico e Publicitário Dr. Paulo Silva Telles.
Curso de História da Arte em Florença e Veneza, Itália.
Orientadora educacional, consultora e assessora pedagógico-administrativa em colégios da rede particular de ensino.
Autora de livros didáticos e paradidáticos.

Coleção Arte e Habilidade
Arte – 5º ano
Ensino Fundamental

Diretor superintendente	Jorge Yunes
Diretora editorial	Célia de Assis
Editora	Adriane Gozzo
Assistentes editoriais	Isabella Mouzinho e Stephanie Paparella
Revisão	Denise Santos, Erika Alonso e Yara Affonso
Secretaria editorial e Produção gráfica	Elza Mizue Fujihara
Assistente de produção gráfica	Marcelo Ribeiro
Projeto gráfico e capa	Aline Benitez
Imagem da capa	*Irises*, de Vincent van Gogh
Diagramação	NPublic / Formato Comunicação

4ª edição – São Paulo – SP

Impressão - Gráfica Mercurio S.A. - Agosto 2024

Dados Internacionais de Catalogação na Publicação (CIP) de acordo com ISBD

C229a Cantele, Angela Anita

Arte e Habilidade: Ensino Fundamental Anos Iniciais / Angela Anita Cantele, Bruna Renata Cantele. - 4. ed. - São Paulo : IBEP - Instituto Brasileiro de Edições Pedagógicas, 2023.
il. ; 20,5cm x 27,5cm. - (Arte e Habilidade 5º ano)

Inclui bibliografia.
ISBN: 978-65-5696-470-6 (aluno)
ISBN: 978-65-5696-471-3 (professor)

1. Educação. 2. Ensino fundamental. 3. Livro didático. 4. Arte. 5. Habilidade. 6. Artes visuais. 7. Música. 8. Teatro. 9. Dança. I. Cantele, Bruna Renata. II. Título.

2023-1210 CDD 372.07
CDU 372.4

Elaborado por Vagner Rodolfo da Silva - CRB-8/9410

Índice para catálogo sistemático:
1. Educação - Ensino fundamental: Livro didático 372.07
2. Educação - Ensino fundamental: Livro didático 372.4

Rua Gomes de Carvalho, 1306 – 11º andar – Vila Olímpia
São Paulo – SP – 04547-005 – Brasil
Tel.: (11) 2799-7799
www.ibep-nacional.com.br

Sumário

FICHA

Sumário

FICHA

DATAS COMEMORATIVAS

Olá!

Você está iniciando, neste ano, seus estudos em Arte.

Vai aprender as primeiras noções corporais, as cores, a música, a textura, as formas geométricas e conhecer obras de arte de artistas renomados.

Preparamos este livro para você com muito carinho, pensamos nos seus conhecimentos escolares e nas experiências artísticas que você vai vivenciar a partir de agora com Arte e Habilidade.

Desejamos a você um ano feliz fazendo arte!

Com carinho,

Angela e Bruna

Para desenhar ou fazer arte, utilizamos papéis diversos, lápis grafite, lápis de cor e aquarelável, borracha, régua, apontador, tesoura e cola, giz de cera, pincel, tintas guache, plástica e acrílica, cola *glitter*, argila, caneta hidrocor e vários outros materiais.

Cuide bem de seu material, mantendo-o limpo e organizado.

Troque ideias com os colegas e observe com atenção o trabalho deles – você estará desenvolvendo seu lado artístico!

Massa de modelar
argila, cerâmica
fria etc.

Linha
barbante, lã etc.

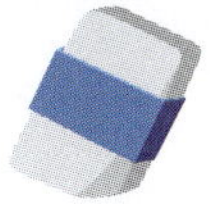
Borracha

Caneta hidrocor

Copo com água

Cola bastão

Cola *glitter*

Cola líquida

Fita adesiva

Giz de cera

Lápis de cor

Lápis de cor aquarelável

Lápis grafite

Materiais diversos

Pano
tecidos diversos,
estopa etc.

Papéis
crepom, canson, revistas,
jornais etc.

Pincel

Régua

Tesoura
com pontas
arredondadas

Tintas
guache, acrílica, para
pintura a dedo etc.

Arte é mais do que desenhar e pintar.
A escultura, a música, o teatro e a arquitetura também são formas de arte.

DIREITO DE REPRODUÇÃO GENTILMENTE CEDIDO POR JOÃO CANDIDO PORTINARI.

Meninos brincando (1955), de Candido Portinari. Óleo sobre tela, 60 cm × 72,5 cm. Museu da Infância, Criciúma, Santa Catarina

SHITTSERSTOCK

Dança do dragão – China.

SHUTTERSTOCK

Maestro regendo uma orquestra.

ACERVO DAS AUTOAS

Natureza morta.

IRYNA IMAGO/SHUTTERSTOCK

Animação feita por meio da técnica *stop motion*.

ACERVO DAS AUTORAS

Obra com pintura e dobradura.

cores primárias, secundárias e terciárias; cores quentes e frias; cores neutras

Conhecer as cores e suas teorias são a base para estudar as artes visuais.
A palavra "cor" vem do latim *colore* e é uma percepção sensorial registrada por nossos olhos.
A cor é parte integrante da luz, não uma propriedade dos corpos. É, portanto, a impressão que a luz reflete nos corpos diante dos nossos olhos. Quando não há luz, não distinguimos cores. Para a reprodução das cores, usam-se pigmentos naturais ou químicos.
Observe a classificação das cores.

Cores primárias
São as cores puras, que não podem ser obtidas por meio de nenhuma mistura; são elas o azul, o vermelho e o amarelo.

Cores secundárias
São as cores obtidas por meio da mistura de duas cores primárias na mesma proporção; são elas o verde, o laranja e o lilás.

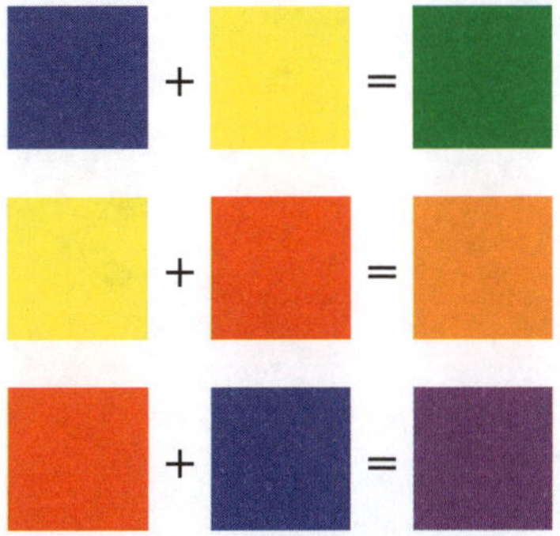

Cores terciárias
São as cores obtidas por meio da mistura de uma cor primária com uma cor secundária. Veja alguns exemplos:
O amarelo misturado com o laranja fica um amarelo-alaranjado.

O azul misturado com o verde fica um azul-esverdeado

Observando e conhecendo cores: cores primárias, secundárias e terciárias; cores quentes e frias; cores neutras

As **cores quentes** são o amarelo, o laranja e o vermelho. São conhecidas assim porque transmitem a sensação de calor e estão associadas ao sol, ao fogo e ao sangue, além de serem relacionadas aos sentimentos de alegria, disposição e energia.

As **cores frias** são o azul, o verde e o roxo. São conhecidas assim porque transmitem a sensação de frio e estão associadas ao gelo, à água, às matas, além de serem relacionadas aos sentimentos de melancolia, calma e serenidade.

As **cores neutras** são formadas pelo branco, pelo preto e pelos diferentes tons de cinza. Quando acrescidas em outras cores, mudam as tonalidades.

Veja o exemplo de uma cor acrescida do branco e do preto:

FICHA 2 Colorindo com as cores primárias, secundárias e terciárias

Pinte os desenhos usando as cores primárias, secundárias e terciárias. Use sempre as mesmas cores nas mesmas formas e você terá um efeito muito legal!

ACERVO DAS AUTORAS

ACERVO DA EDITORA

Colorindo com cores quentes e frias

Realize a atividade na ficha correspondente, no **Material complementar**. Observe o modelo a seguir.

ACERVO DAS AUTORAS

FICHA 4 Cores neutras: branco e preto

Recorte as imagens das figuras geométricas e depois cole em papel-cartão preto.

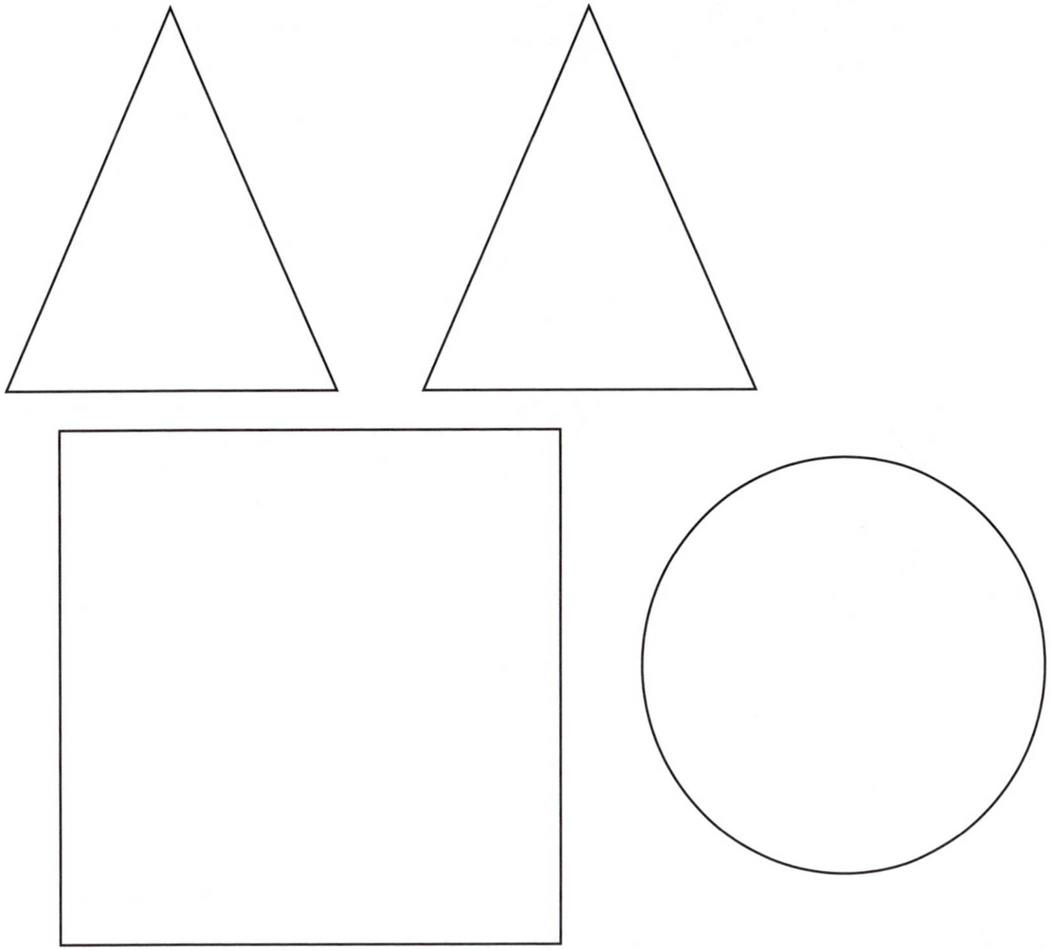

NOME: ____________________

FICHA 5

PARTE 1

As cores em obras de arte

Nesta atividade, aparecem algumas obras de arte, e cada uma delas apresenta predominância de algumas cores. Você consegue perceber e classificar as obras?

MUSEU HERMITAGE, RÚSSIA

Paisagem com casa e lavrador (1889), de Vincent van Gogh. Óleo sobre tela, 33 cm × 41,4 cm.

MUSÉE NATIONAL D'ART MODERNE – CENTRE GEORGES POMPIDOU

Cidade de Nova York (1942), de Piet Mondrian. Óleo sobre tela, 119,3 cm × 114,2 cm.

J. PAUL GETTY MUSEUM, LOS ANGELES, CALIFÓRNIA, EUA

Irises (1889), de Vincent van Gogh. Óleo sobre tela, 71 cm × 93 cm.

As cores em obras de arte

DOMÍNIO PÚBLICO

Stage Landscape (1922), de Paul Klee.
Óleo sobre tela, s/d.

DOMÍNIO PÚBLICO

Jardim oriental (1939), de Paul Klee.
Óleo sobre tela, s/d.

COLEÇÃO PARTICULAR/CORTESIA DO AUTOR

Transposição em preto e branco II
(Série Transposição Geométrica), 2019,
de Jean Aráujo. Técnica mista, 33 cm × 33 cm.

FICHA 5 PARTE 3

As cores em obras de arte

FICHA 6 Textura

Textura é a aparência de uma superfície, e somos capazes de reconhecê-la pelo tato ou pela visão.
Quando tocamos ou olhamos um objeto ou uma superfície, percebemos se sua aparência é lisa, rugosa, macia, áspera ou ondulada.
A textura pode ser real ou gráfica. A textura real é sentida quando tocamos ou observamos um objeto; já a textura gráfica é produzida, visível, e pode ou não apresentar qualidade tátil.
Observe as imagens da ficha e veja quais texturas são reais e quais são gráficas.

NJAJ/SHUTTERSTOCK

NADIA GRAPES/SHUTTERSTOCK

ZAMUROVIC BROTHERS/SHUTTERSTOCK

IVAN CANAVERA/SHUTTERSTOCK

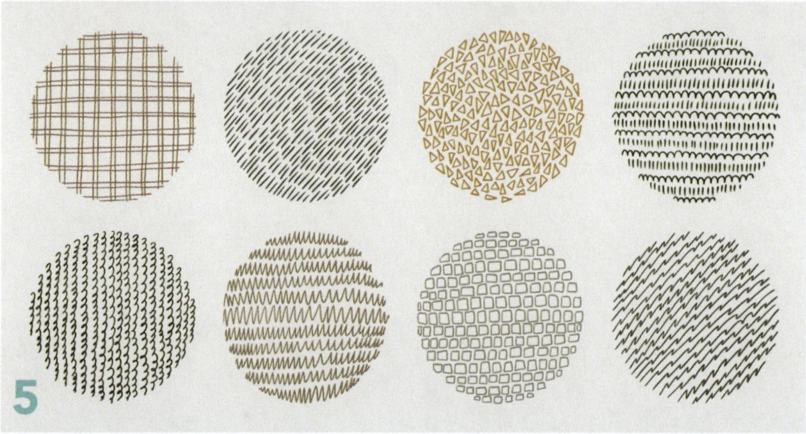

BISAMS/SHUTTERSTOCK

GALERIA ALBERTINA, VIENA, ÁUSTRIA

Lebre jovem (1502), de Albrecht Dürer. Aquarela e guache sobre papel, 25 cm × 23 cm.

Textura gráfica

Realize a atividade na ficha correspondente, no **Material complementar**. Observe o passo a passo a seguir.

ACERVO DAS ATUORAS

Textura gráfica com caneta hidrocor

ACERVO DAS AUTORAS

FICHA 9 PARTE 1

Música: orquestra e instrumentos musicais

A maioria das grandes orquestras é formada por muitos instrumentos e por classes diferentes de instrumentos, incluindo cordas, sopro, metais e percussão. A orquestra é regida por um maestro, que é o profissional responsável por dirigir o coro de cantores ou músicos por meio de gestos e com o auxílio de uma batuta.

SHUTTERSTOCK

SHUTTERSTOCK

Orquestra sinfônica. No detalhe, a figura do maestro que conduz a execução das músicas pelos instrumentistas.

FICHA 9

PARTE 2

Música: orquestra e instrumentos musicais

IMAGENS/SHUTTERSTOCK

Violão.

Violino.

Guitarra.

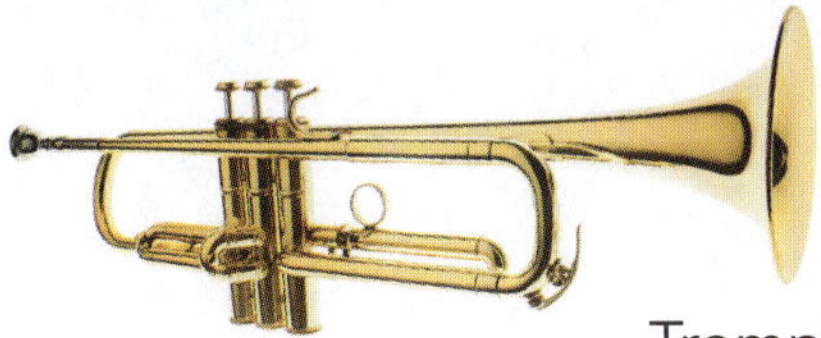

Trompete.

Tuba.

Flauta.

Saxofone.

Atabaques.

Tamborim.

Pandeiro.

Sintetizador.

Piano.

Bateria.

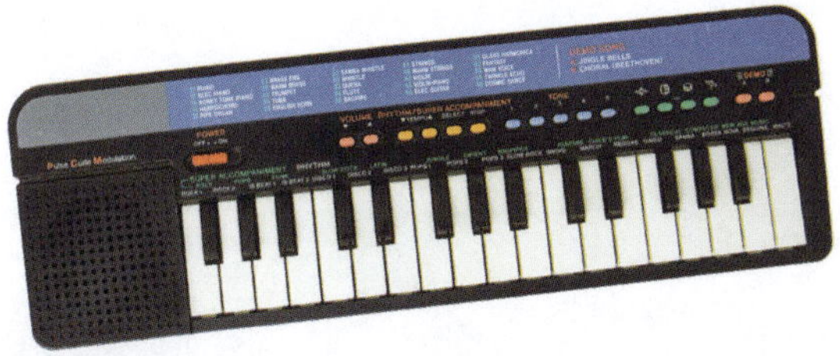

Teclado.

FICHA 10 PARTE 1

Música: conhecendo os instrumentos da orquestra

Os instrumentos usados nas orquestras são divididos em famílias ou categorias. Observe.

Família das cordas: são os instrumentos cuja fonte de som é a vibração de uma corda tensionada quando beliscada, percutida ou friccionada. Alguns deles são:

- violinos;
- violoncelos;
- contrabaixos;
- violas;
- piano.

Violoncelo.

Família de percussão: são os instrumentos cujo som é obtido por meio de impacto (percussão), raspagem ou agitação, com o auxílio de baquetas. Alguns deles são:

- xilofones;
- gongos;
- pandeiretas;
- pratos;
- bumbo;
- bateria.

Bumbo.

IMAGENS/SHUTTERSTOCK

Família do sopro: os instrumentos de sopro funcionam por meio da vibração de uma coluna de ar, na qual o ar é soprado pela boca. Esses instrumentos se dividem em madeira e metais. Alguns deles são:

- **madeiras**:
  - clarinetes;
  - flautas transversais;
  - flautas doces.

Clarinete.

- **metais**:
  - trombones;
  - cornetas;
  - trompas;
  - saxofones

Trombone.

FICHA 10 PARTE 2

Música: conhecendo os instrumentos da orquestra

IMAGENS/SHUTTERSTOCK

Candido Portinari (1903-1962)

Candido Portinari era filho de imigrantes italianos e nasceu em 30 de dezembro 1903, em Brodowski, cidade do interior do estado de São Paulo. Começou a desenhar e a pintar aos 9 anos. Aos 15, mudou-se para o Rio de Janeiro e matriculou-se na Escola Nacional de Belas Artes. Em 1928, viajou para a Europa para estudar pintura, mas retornou ao país após dois anos, saudoso da terra natal. Em suas telas, retratou o Brasil: o povo, a cultura, a flora, a fauna e as crianças, revelando a alma brasileira. O tema principal das obras de Portinari é o ser humano, as crianças e suas brincadeiras, entre elas os meninos de Brodowski. Faleceu em 1962, aos 59 anos, vítima de intoxicação causada pelas tintas a óleo que utilizava em suas pinturas. Candido Portinari é um dos grandes representantes da arte brasileira.

Meninos no balanço (1960), Candido Portinari. Óleo sobre tela, 61 cm × 40 cm.

Roda infantil (1932), de Candido Portinari. Óleo sobre tela, 39 cm × 47 cm.

Meninos brincando (1955), de Candido Portinari. Óleo sobre tela, 60 cm × 72,5 cm. Museu da Infância, Criciúma, Santa Catarina

FICHA 12

As brincadeiras na arte de Portinari

Faça uma lista das brincadeiras de que seus familiares gostavam e brincavam, das que você gosta e brinca e das que Portinari pintou em suas telas e compare-as. O que achou?

Familiares	Você	Portinari

Brincadeiras na arte de Portinari: decorando uma pipa

Realize a atividade na ficha correspondente, no **Material complementar**. Observe o modelo a seguir.

ACERVO DAS AUTORAS

Histórias em quadrinhos (HQs)

As histórias em quadrinhos, ou simplesmente HQs, são uma história contada por meio de imagens, tendo quase sempre o texto como auxiliar.
As falas e os pensamentos das personagens aparecem em balões. A linguagem é simples, com onomatopeias e metáforas. As HQs são uma forma de comunicação de massa.

GARFIELD, JIM DAVIS © 2008 PAWS, INC. ALL RIGHTS RESERVED/DIST. BYANDREWS MCMEEL SYNDICATION

Garfield, um gato muito sarcástico e guloso, personagem criado por Jim Davis, em 1976.
Fonte: *Folha Cartum*. UOL. Disponível em: https://goo.gl/oXvtYo. Acesso em: 18 maio 2023.

SHUTTERSTOCK

Homem-aranha, protagonista da HQ criada por Stan Lee e Steve Ditko, em 1962.

JEMASTOCK/SHUTTERSTOCK

Imagem característica das ilustrações presentes nos mangás japoneses.

FICHA 13
PARTE 2

Histórias em quadrinhos (HQs)

Os balões de diálogo são um acordo gráfico mundial, usados nas HQs, nas tiras e nos cartuns, em que se usam palavras ou imagens que representam a fala das personagens da história. Os balões também podem indicar pensamentos ou emoções. Observe estes balões.

Fala de personagem.

Pensamento de personagem.

Personagem teve uma ideia.

Personagem cochichando.

Fala de mais de um personagem.

Personagem está cantando.

Personagem está bravo.

Fala alta ou grito de personagem.

Personagem está chorando ou "derretendo".

Personagem está com dúvida ou admirado.

IAMGENS: ACERVI DA EDITORA

FICHA 14

PARTE 1

Criando uma história em quadrinhos

As personagens das HQs podem ser pessoas, animais ou objetos inanimados.
Qualquer objeto inanimado pode se tornar uma personagem; basta colocar olhos, boca, cabelo, e já se dá vida a ele.
As personagens feitas com pintura a dedo também são ótimas opções!

Desenhe aqui suas personagens.

Escreva aqui as cenas de sua HQ:

1. ______________________________

____

____

2. ______________________________

____

____

3. ______________________________

____

____

4. ______________________________

____

____

5. ______________________________

____

____

6. ______________________________

____

____

Criando uma história em quadrinhos

A dança não conhece fronteiras

Dançar é importante e faz bem para o corpo!
A dança é uma linguagem universal, por isso vamos conhecer um pouco da dança de alguns países, respeitando seus valores, cultura e costumes locais. Do samba no Brasil, seguiremos com uma volta ao mundo, conhecendo os mais diferentes tipos de dança.

SHUTTERSTOCK

Samba – Brasil.

SHUTTERSTOCK

Flamenco – Espanha.

SHUTTERSTOCK

Adumu – Quênia e Tanzânia.

SHITTSERSTOCK

Dança do dragão – China.

SHUTTERSTOCK

Hopak – Ucrânia.

A dança não conhece fronteiras

SHUTTERSTOCK

Valsa vienense – Áustria.

SHUTTERSTOCK

O vira – Portugal.

SHUTTERSTOCK

Tarantela – Itália.

SHUTTERSTOCK

Cancã – França.

SHUTTERSTOCK

Rock-and-roll – Estados Unidos.

FICHA 16 Dança: ultrapassando as fronteiras

Dança escolhida:

FICHA 17 PARTE 1

Arte e cultura africanas: construindo um cabuletê

Veja alguns instrumentos musicais africanos.
O cabuletê, ou kabulete, é o instrumento de percussão indireta com as duas sementes penduradas; pode ser circular ou retangular.
O *djembê*, outro instrumento de percussão, e o afoxé, que é um tipo de chocalho, são utilizados atualmente em festas e rituais africanos.

SHUTTERSTOCK
Afoxé.

SHUTTERSTOCK
Djembê.

SHUTTERSTOCK
Cabuletê.

Arte e cultura africanas: construindo um cabuletê

Realize a atividade. Observe o passo a passo a seguir.

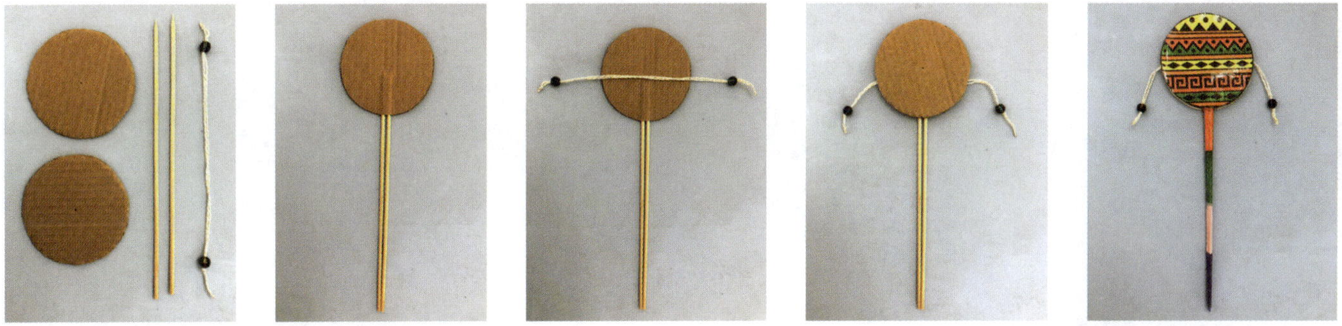

ACERVO DAS AUTORAS

ACERVO DA EDITORA

FICHA 18
PARTE 1

Cores complementares

CHECHA/SHUTTERSTOCK

As cores complementares são aquelas diametralmente opostas no círculo cromático. Na obra *A ponte de Charing Cross*, de André Derain, observe o contraste entre o céu vermelho e as torres verdes, e, em *Terraço do café à noite*, de Vincent van Gogh, o contraste entre o violeta do céu e o amarelo das paredes.

ACERVO IBEP. © DERAIN, ANDRÉ/AUTVIS, BRASIL, 2023

A ponte de Charing Cross (1906), de André Derain. Óleo sobre tela, s/d.

MUSEU KROLLER-MULLER, OTTERLO.

Terraço do café à noite (1888), de Vincent van Gogh. Óleo sobre tela, 81 cm × 65,5 cm.

FICHA 18 PARTE 2

Cores complementares

NEMARIA/SHUTTERSTOCK

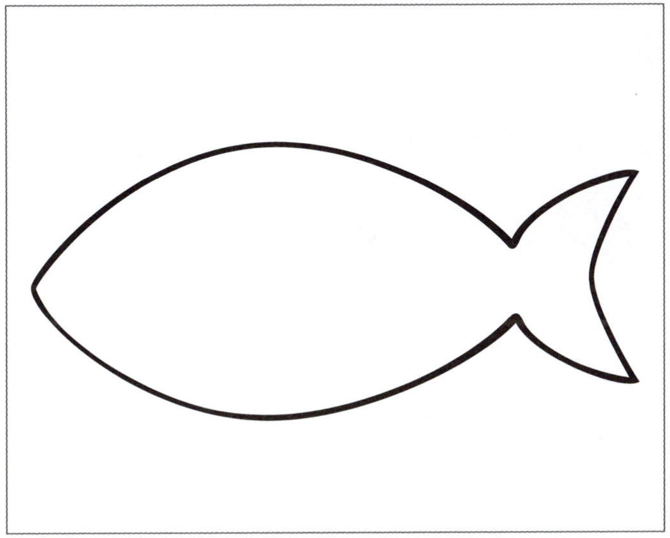

ASMATI/SHUTTERSTOCK

BARA_BERE_ICON/SHUTTERSTOCK

OLKITA/SHUTTERSTOCK

Pintando sobre fundo colorido

ACERVO DAS AUTORAS

ACERVO DAS AUTORAS

Pintando sobre fundo colorido

Siga o passo a passo para montar seu origami.

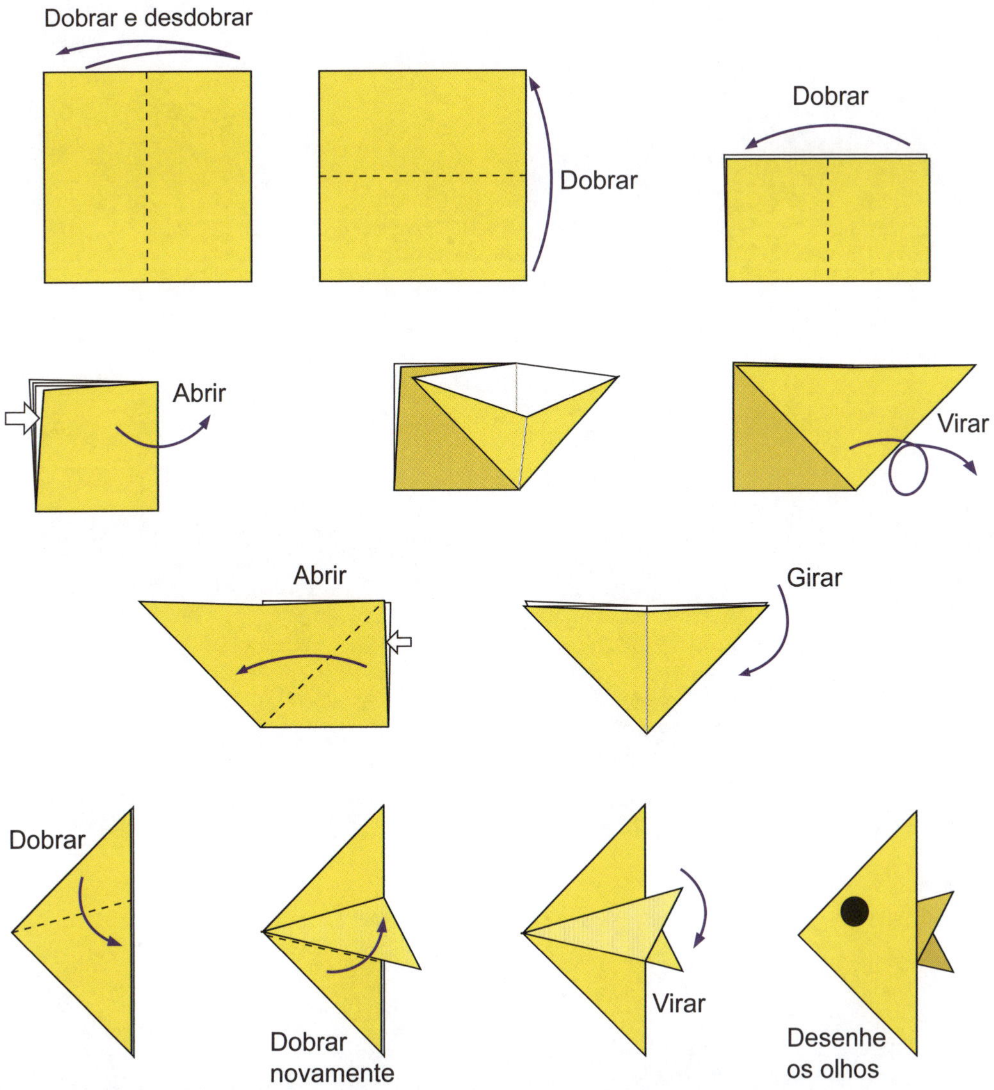

ACERVO DA EDITORA

ACERVO DAS AUTORAS

FICHA 20 PARTE 2

Pintando sobre fundo colorido

ACERVO DA EDTIORA

RECORTE

DOBRE

FICHA 21 Teatro de sombras

O teatro de sombras é uma maneira milenar de fazer teatro, em que as personagens e os cenários são de figuras projetadas em uma tela fosca, semitransparente, iluminada para formar as sombras e produzir vários efeitos conforme a narrativa que será contada.

JARNO GONZALEZ ZARRAONANDIA/SHUTTERSTOCK

SHAPOVALPHOTO/SHUTTERSTOCK

Teatro de sombras a partir da encenação de atores.

ANY GIVEN MOMENT/SHUTTERSTOCK

Personagens do teatro de sombras feito com figuras presas em varetas.

FICHA 22 Teatro: sombras com as mãos

Forma-se uma sombra quando um objeto bloqueia a luz. Observe algumas posições de mãos e suas respectivas sombras.

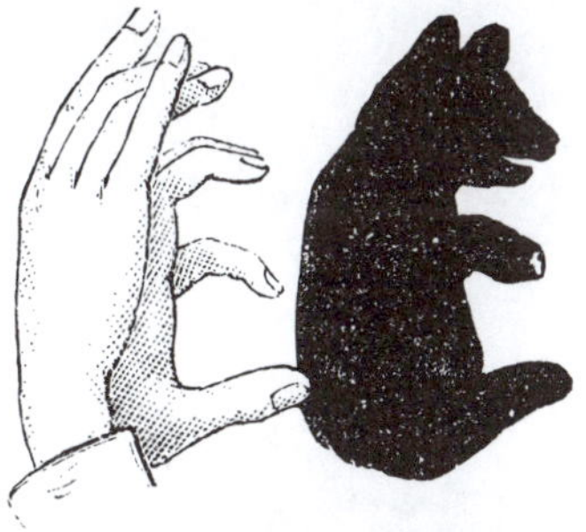
Esquilo

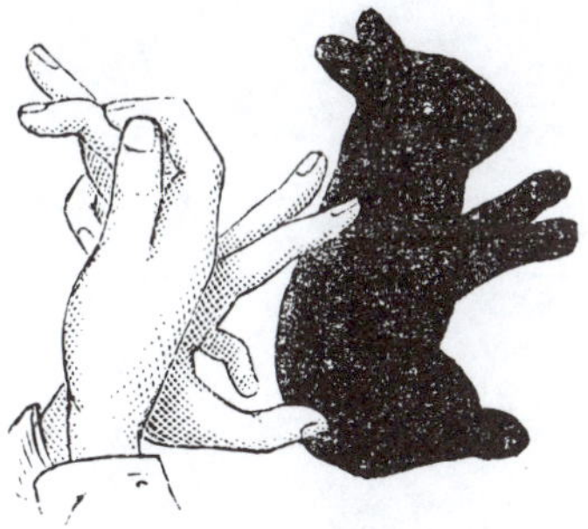
Lebre

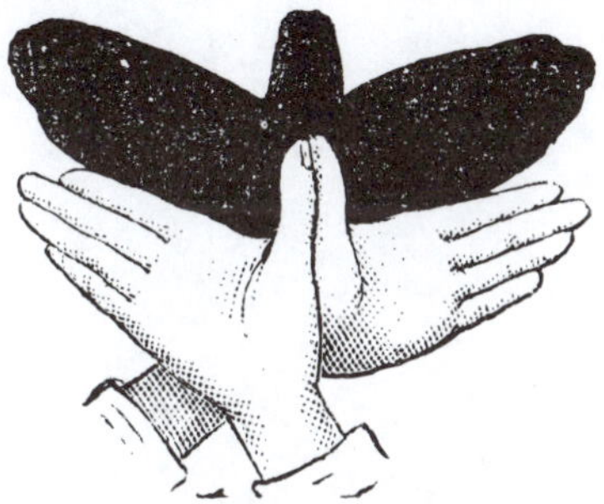
Borboleta

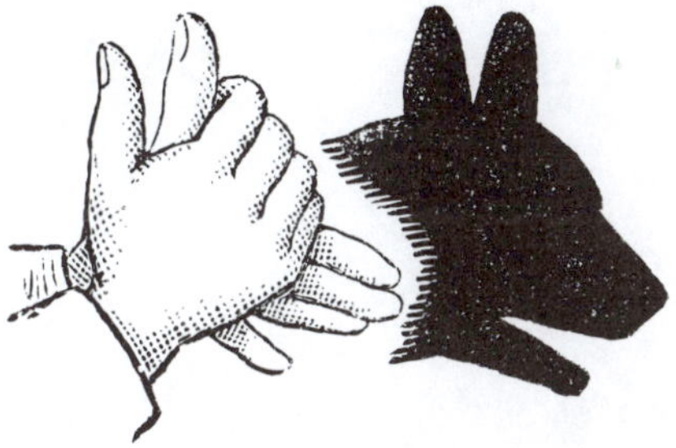
Cão

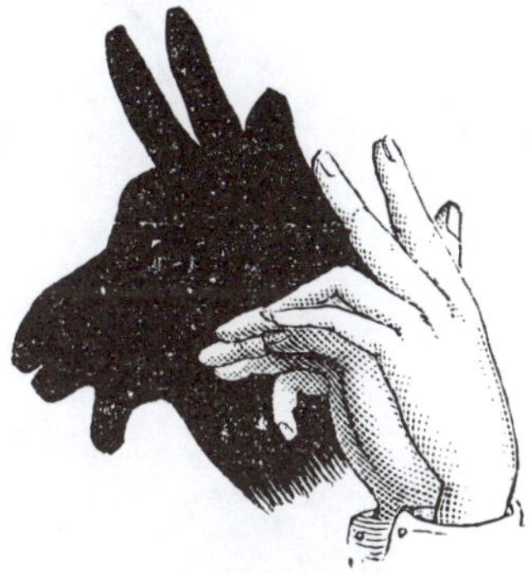
Cabra

ACERVO DA EDITORA

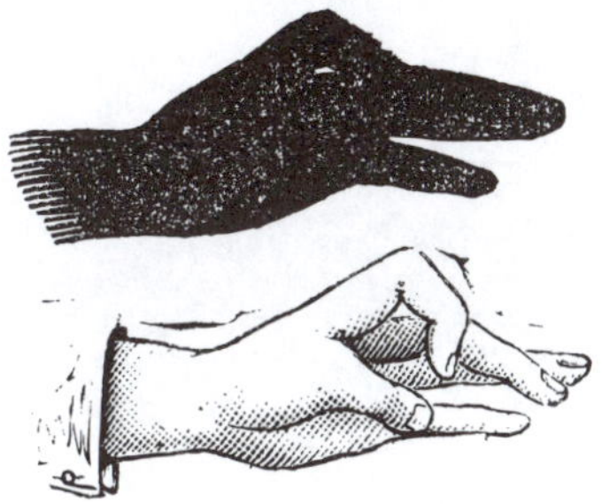
Ganso

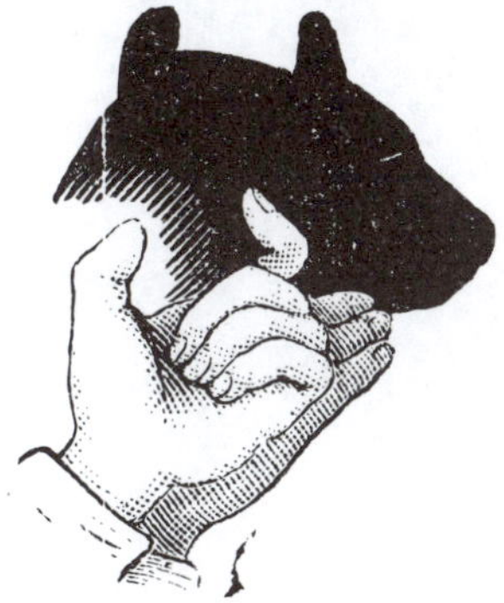
Boi

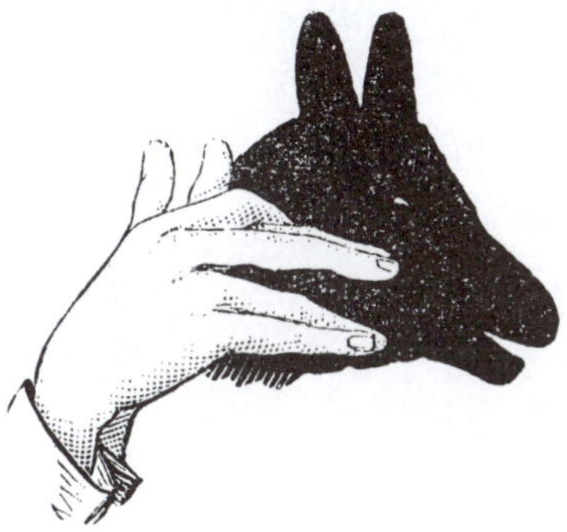
Burro

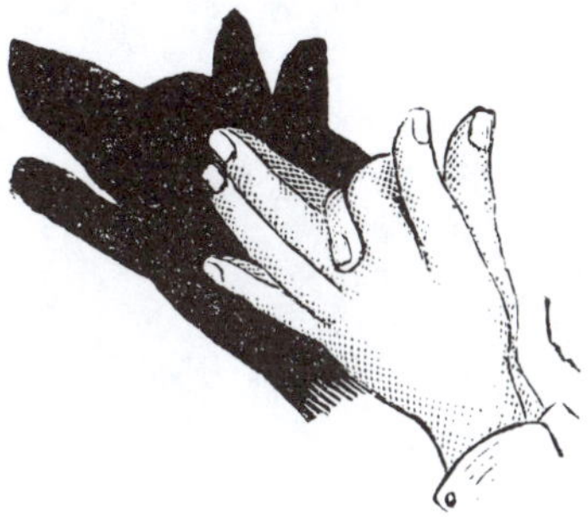
Lobo

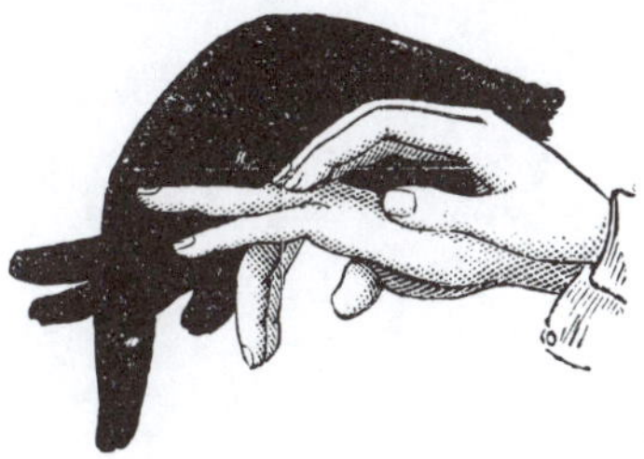
Elefante

FICHA 23

PARTE 1

Cinema: luz, câmera, ação e emoção!

Em 1894, em Paris, na França, os irmãos Lumière fizeram a primeira exibição de um filme de cinema utilizando um aparelho chamado **cinematógrafo**, palavra da qual surgiu a abreviação "cinema", conhecida nos dias atuais.

Esse aparelho era usado para capturar as imagens em movimento e projetar os filmes, reproduzindo o movimento registrado.

Várias fotografias passadas em grande velocidade provocam, em nossos olhos, a ilusão de movimento.

Uma sequência organizada de fotografias pode criar uma animação. Essa técnica é chamada ***stop motion***, que significa, em português, "parar o movimento".

Alguns filmes que você conhece foram feitos com essa técnica, por exemplo: *A fuga das galinhas*; *A noiva cadáver*; *O fantástico Sr. Raposo*, *Wallace & Gromit*: a batalha dos vegetais; *Kubo e as cordas mágicas*, entre outros.

Reprodução de um cinematógrafo, aparelho usado na primeira exibição de um filme de cinema pelos irmãos Lumière, na década de 1890.

SHUTTERSTOCK

20TH CENTURY FOX/ALBUM/FOTOARENA

Cena de *O fantástico Sr. Raposo*, produção de 2009, dirigida por Wes Anderson.

DREAMWORKS/ALBUM/FOTOARENA

Cena de *A fuga das galinhas*, produção de 2000, dirigida por Peter Lord e Nick Park.

FICHA 23
PARTE 2

Cinema: luz, câmera, ação e emoção!

Existem vários tipos de filmes: os de drama, biográficos, de ficção científica, científicos, de comédia, de guerra, de suspense, naturalistas, de faroeste, documentários, de romance, desenhos animados, publicitários, entre outros.

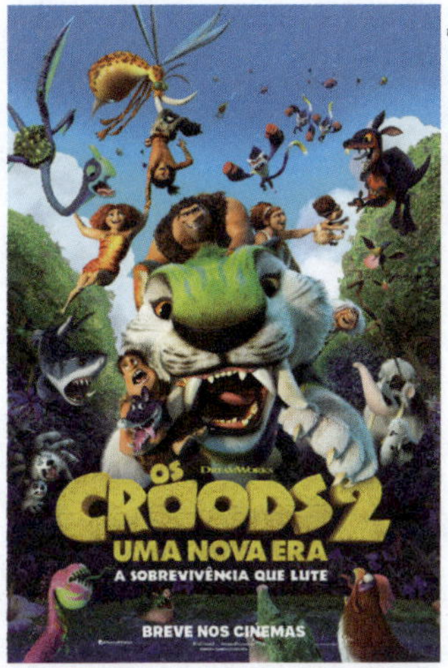

DIVULGAÇÃO

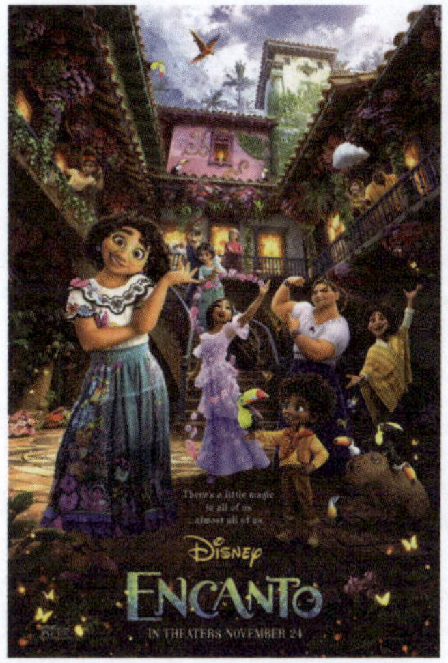

WALT DISNEY PICTURES/ALBUM/ALBUM/ FOTOARENA

COLUMBIA PICTURES/ALBUM/ALBUM/FOTOARENA

DIVULGAÇÃO

- Você já assistiu a alguns desses filmes? Qual é o gênero de filme de que você mais gosta?
  Escreva, nas linhas a seguir, os filmes a que assistiu e de que mais gostou. Coloque também o gênero ao qual pertence.

____

____

____

____

____

____

____

FICHA 24 Vídeo: telejornal

- Participantes do grupo:

- Notícia que será apresentada:

- Quem serão os apresentadores?

- Quem serão os responsáveis pelo cenário, pelo figurino e pela filmagem?

- Qual foi a duração do vídeo?

- Como foi a experiência de fazer um telejornal? De que você mais gostou, quais foram as dificuldades, o que achou do resultado?

- Se fossem refazer a gravação, o que faria de diferente?

FICHA 25 Cinema: *Stop Motion*

A animação feita por meio da técnica *stop motion* (também chamada de animação quadro a quadro ou parar o movimento) é uma animação cujos quadros são capturados um a um, com objetos físicos movidos entre os quadros. Quando se reproduz rapidamente a sequência de imagens, cria-se a ilusão de movimento.

O processo básico de animação envolve fazer uma fotografia dos objetos ou das personagens, movê-los levemente e fazer outra fotografia, movê-los de novo e fazer outra fotografia, e assim por diante. Quando as imagens são reproduzidas consecutivamente, os objetos ou as personagens parecem se mover por conta própria.

Observe as imagens para criar uma animação. Isso é apenas um pequeno exemplo, porque, para criar uma animação em *stop motion*, são necessárias, no mínimo, 12 fotografias.

IRYNA IMAGO/SHUTTERSTOCK

Agora, você e seu grupo vão criar um *stop motion*. Leia algumas dicas:

- apoie o *smartphone* de maneira que ele fique estável; pode ser em uma mesa ou em um suporte próprio para isso;
- fotografe cada cena, mudando bem devagar a posição dos elementos e as personagens;
- antes de juntar as fotografias, faça uma edição no próprio *smartphone* usando os recursos disponíveis;
- crie uma fotografia com o nome do grupo, o título da animação e os créditos;
- ao final, pode ser inserida uma trilha sonora usando um aplicativo do *smartphone*, como o *InShot*.

FICHA 26

Técnica de pintura: tinta guache

Realize a atividade na ficha correspondente, no **Material complementar**. Observe o modelo a seguir.

ACERVO DAS AUTORAS

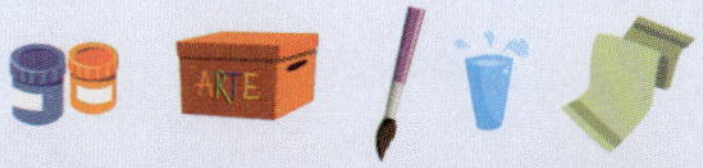

Os gêneros musicais

As músicas, de acordo com algumas características em comum, são classificadas em gêneros musicais. Ao redor do mundo, há dezenas de gêneros diferentes, como axé, *blues*, *country*, música eletrônica, forró, *funk*, gospel, *hip-hop*, *jazz*, MPB, pagode, pop, *rap*, *reggae*, *rock*, samba e sertanejo, além da música clássica, das sinfonias, das óperas e dos concertos para piano.

Nestas imagens, você consegue identificar que gêneros musicais estão sendo representados?

A.PAES/SHUTTERSTOCK

A dupla Chitãozinho e Xororó.

A.PAES/SHUTTERSTOCK

Apresentação da banda Scorpions.

SIRTRAVELALOT/SHUTTERSTOCK

Músicos tocando violoncelo, saxofone e piano.

CICEIA ALMEIDA/SHUTTERSTOCK

Músico tocando tamborim.

Os gêneros musicais

ALLIES INTERACTIVE/SHUTTERSTOCK

FICHA 28 PARTE 1

A música na arte visual: conhecendo o piano

O piano é um instrumento fascinante, elegante, tão versátil e apreciado que, ao longo da história, ganhou o título de "rei dos instrumentos".
E por que o piano faz parte da família das cordas? Afinal, elas nem são aparentes!
No piano, as cordas são colocadas em vibração por percussão, ao contrário dos violinos, das violas, dos violões, dos violoncelos e das guitarras, nos quais as cordas são dedilhadas. Nele, as cordas são atingidas por martelos, operados pelas teclas, que são pressionadas pelos dedos do pianista. Em um piano moderno, há teclas brancas e pretas, totalizando 88. Cada tecla, quando tocada, produz um som diferente, porque o comprimento de cada corda colocada em vibração é diferente. As cordas são esticadas sobre uma moldura de metal, colocadas em uma caixa de madeira, em forma de harpa, disposta horizontalmente (o chamado **piano de cauda**), ou podem ser inseridas em uma caixa retangular (o chamado **piano vertical**).

VLADIMIR SATYLGANOV/SHUTTERSTOCK

Piano vertical aberto.

KAMOLWAN AIMPONGPAITOON/SHUTTERSTOCK

Martelos que batem nas cordas produzindo o som característico do piano.

A música na arte visual: conhecendo o piano

Muitos pintores usaram o piano como centro de suas obras de arte. Observe os diferentes estilos de desenho e pintura. De qual você gosta mais?

KUNSTMUSEUM BASEL - MARTIN P. BÜHLER

Senhora Gachet ao piano (1890), de Vincent van Gogh. Óleo sobre tela, 102,5 cm × 50 cm.

CHRISTIE'S IMAGES/BRIDGEMAN IMAGES/FOTOARENA

Cantora ao piano (pianista), 1929 de Kirchner Ernst Ludwig (1880-1938); óleo sobre tela, 120 cm × 150 cm. Coleção Privada.

BRIDGESTONE MUSEUM OF ART – ARTIZON MUSEUM, CHUO

Rapaz ao piano, de Gustave Caillebotte, pintor francês impressionista (1848-190).

A música na arte visual: conhecendo o piano

PANDA VECTOR/SHUTTERSTOCK

FICHA 29

A ARTE DE Pablo Picasso

Pablo Picasso (1881-1973)

Picasso nasceu em Málaga, na Espanha. Foi pintor, escultor e desenhista. Fez a primeira obra de arte aos 8 anos de idade. Estudou na Faculdade de Belas Artes da Espanha. Desenvolveu algumas técnicas de pintura, entre elas o cubismo. É autor de uma das mais famosas obras de arte, *Guernica*.
Picasso viveu até os 91 anos e foi o pintor que mais vendeu obras de arte em vida.

Primeira comunhão (1896), de Pablo Picasso. Óleo sobre tela, 166 cm × 118 cm. Museu Picassso.

Le gourmet (1901), de Pablo Picasso. Óleo sobre tela, 92,8 cm × 68,3 cm. Galeria Nacional de Arte.

Retrato de Dora Maar (1973), de Pablo Picasso. Óleo sobre tela, 92 cm × 65 cm. Museu Picassso.

Desenhando um rosto cubista

ACERVO DA EDITORA

ACERVO DAS AUTORAS

Desenhando um rosto cubista

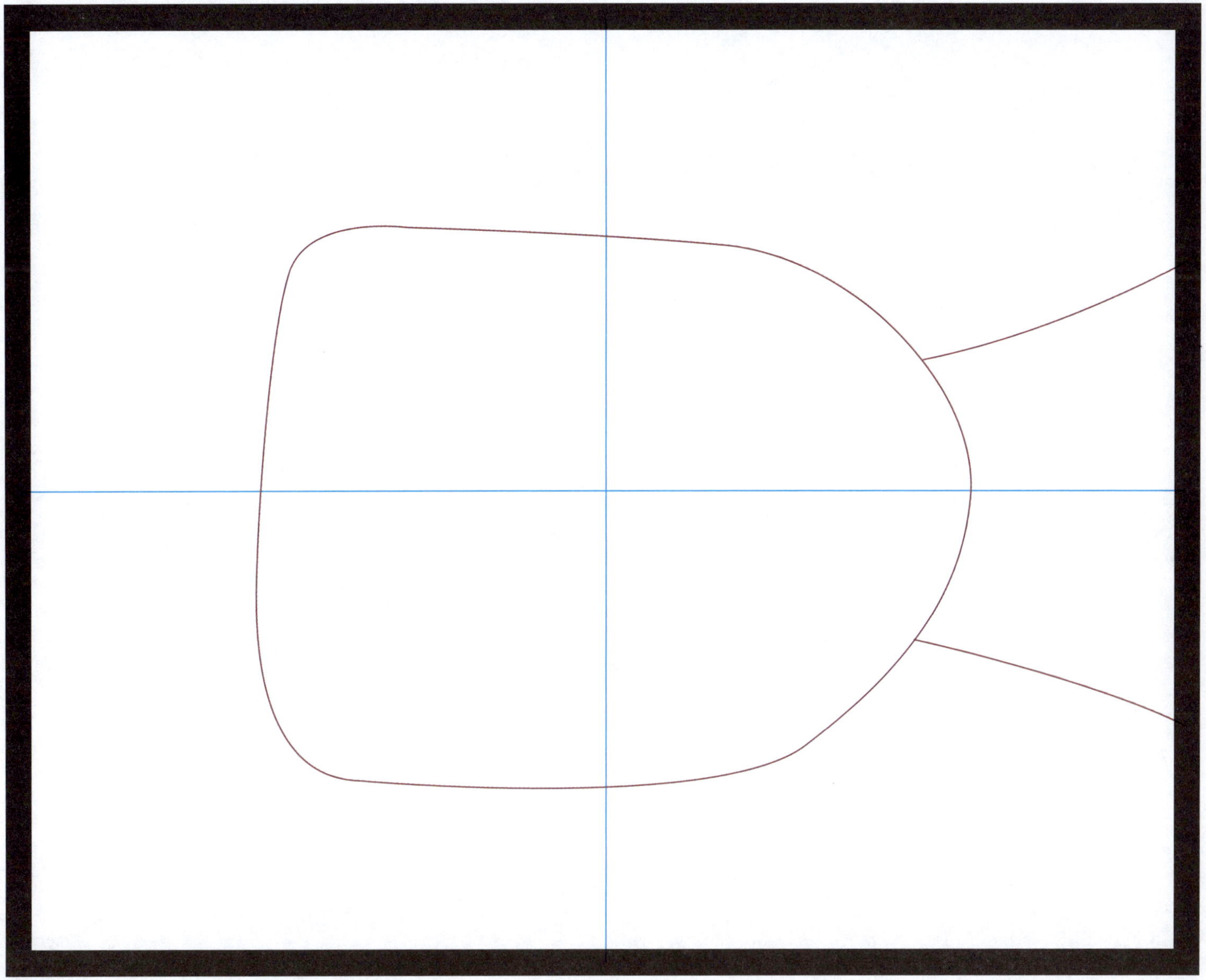

ACERVO DA EDITORA

O cubo e releitura de obra de Pablo Picasso

O **cubo** é uma figura geométrica espacial, também conhecida como poliedro, pois tem todas as faces planas. O cubo apresenta as três dimensões: altura, largura e profundidade. Os artistas cubistas tinham a intenção de representar em uma tela plana as várias faces de um objeto ou pessoa, como se estivessem sendo vistas de vários ângulos ao mesmo tempo. Imagine que a cabeça de uma pessoa esteja dentro de um cubo, e o artista desenha a frente, os lados, as costas, em um mesmo desenho. Observando as obras de Picasso, podemos ver em um mesmo desenho, olhos de frente e de lado, nariz, orelha e boca em diferentes posições.

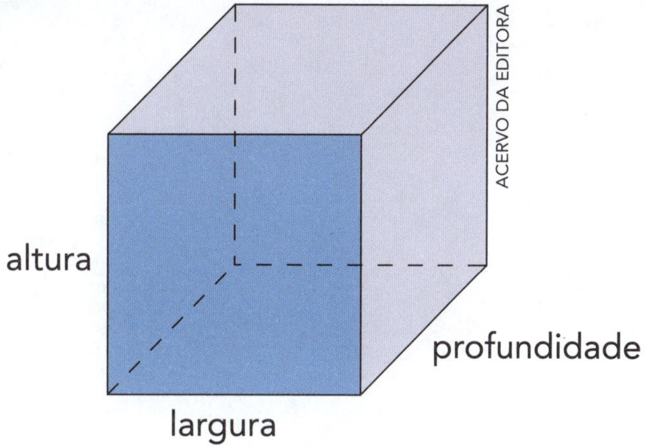

ACERVO DA EDITORA

ACERVO DAS AUTORAS

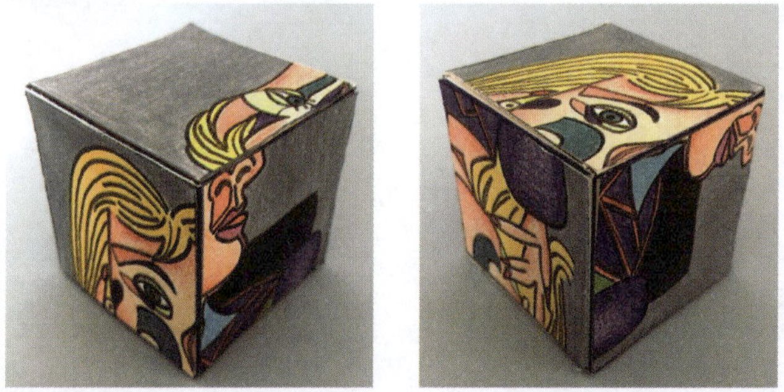

O cubo e releitura de obra de Pablo Picasso

ACERVO DAS AUTORAS

FICHA 32

Patrimônio cultural: bens materiais

Quando um bem histórico passa a fazer parte dos bens culturais, tendo importância histórica, artística ou cultural reconhecida pelo poder público estadual, federal ou municipal, esse bem é tombado e colocado entre os patrimônios daquela cidade. Veja alguns bens tombados no Brasil.

EAFO/SHUTTERSTOCK

Santuário do Bom Jesus de Matosinhos. Congonhas, Minas Gerais.

THIAGOSANTOS/SHUTTERSTOCK

Ruínas de São Miguel das Missões, Rio Grande do Sul.

LUIS INACIO P PRADO/SHUTTERSTOCK

Praça São Francisco. São Cristóvão, Sergipe.

RODOLPHO DE SOUZA/SHUTTERSTOCK

Igreja da Pampulha. Belo Horizonte, Minas Gerais.

Patrimônio cultural: bens materiais – kirigami

NAMOMOOYIM/SHUTTERSTOCK

ALEXANDRE MALTA/SHUTTERSTOCK

RUNGSAN NANTAPHUM/
SHUTTERSTOCK

Patrimônio Histórico
e Cultural do Brasil

Fachada da Igreja de
São Francisco de Assis,
Ouro Preto, Minas Gerais.
Construída em 1771
por Aleijadinho (1738-1814)

FICHA 32-A
PARTE 2

Patrimônio cultural: bens materiais – kirigami

KYNA STUDIO/SHUTTERSTOCK

VOLODYMYRSANYCH/SHUTTERSTOCK

Patrimônio cultural: bens materiais – kirigami

FICHA 33

Composição

PARTE 1

Em Arte, composição é o ato e o resultado de compor. Nas artes visuais, como na pintura, na fotografia e na escultura, os artistas compõem usando linhas, formas, cores e texturas. Podemos dizer que compor é situar ordenadamente essa série de elementos.
A composição pode ser:

- visual/temática: transmite uma mensagem por meio de imagens;
- estrutural: tem como característica trabalhar formas geométricas;
- periódica: tem como característica a repetição da forma.

Aqui temos duas **composições temáticas** – uma delas é uma paisagem, e a outra, uma natureza-morta.
As paisagens são composições que mostram a natureza e podem ser de campos, cidades ou praias.
As naturezas-mortas são composições que reúnem objetos inanimados como frutas, louças, instrumentos musicais, flores, livros, taças de vidro, garrafas, jarras, porcelanas, entre outros objetos.

MUSEU DE ARTE DE INDIANÁPOLIS, EUA

Casa em frente a Sainte-Victoire, perto de Gardanne (1886-1890), de Paul Cézanne. Óleo sobre tela, 65,5 cm × 82,0 cm.

INSTITUTO DE ARTE DE CHICAGO, ILLINOIS, EUA

A cesta de maçãs (1893), de Paul Cézanne. Óleo sobre tela, 65 cm × 80 cm.

Composição

Composição estrutural

Observe, nesta tela de Mondrian, as formas geométricas – elas compõem toda a estrutura da obra. Nela, o autor usou apenas quadrados e retângulos, mas pode-se usar outras formas geométricas.

Composição periódica

Observe, nesta obra de Andy Warhol, a repetição do personagem Mickey Mouse. Aqui aparecem quatro imagens repetidas, mas na composição periódica pode-se repetir as imagens quantas vezes achar necessário.

GALERIA NACIONAL DE ARTE MODERNA E CONTEMPORÂNEA, ITÁLIA

Composição A (1923), de Piet Mondrian. Óleo sobre tela, 90 cm × 91 cm.

Mickey-Mouse (1981), de Andy Warhol. Serigrafia, 152,4 cm × 152,0 cm.

Composição temática: natureza-morta

Realize a atividade na ficha correspondente, no **Material complementar**. Observe o modelo a seguir.

ACERVO DAS AUTOAS

FICHA 35 Composição estrutural

COLEÇÃO PARTICULAR

Suprematismo dinâmico (1916), de Kazimir Malevich (1878-1935).

MUSEU LASAR SEGALL, SÃO PAULO

Paisagem brasileira (1925), de Lasar Segall. Óleo sobre tela, 64 cm × 54 cm.

MUSEU SOLOMON R. GUGGENHEIM. NOVA YORK, EUA

Vários círculos (1926), de Wassily Kandinsky. Óleo sobre tela, 140 cm × 140 cm.

AKG-IMAGES/ALBUM/FOTOARENA

Harmonia da flora setentrional (1927) de Paul Klee. Óleo sobre cartão revestido sobre compensado, 41 cm × 66/66,5 cm.

Teatro de sombras: confecção de personagens e texto adaptado da peça *Os três porquinhos*

Narrador 1: Antigamente, moravam na floresta três porquinhos chamados: Prático, Sonhador e Travesso.

Narrador 2: Viviam na floresta a brincar até que um dia chegou a notícia de que um lobo mau estava nas redondezas. Resolveram então cada um construir uma casa.

Narrador 1: Saíram, então, caminhando e cantando pela floresta em busca de um local para construção de suas casas.

(***Música dos três porquinhos***)
Quem tem medo do lobo mau, lobo mau, lobo mau...
Quem tem medo do lobo mau, lobo mau, lobo mau...

Narrador 1: Travesso, o primeiro a se cansar, logo viu palhas secas pelo caminho e resolveu construir a sua casa ali mesmo.

Travesso: vou construir minha casa de palha, assim acabo rapidinho e terei muito tempo para brincar e cantar.

Narrador 2: Prático e Sonhador continuaram pelo caminho, cantando alegremente, até que, a poucos metros da casa de Travesso, Sonhador encontrou uma pilha de pedaços de madeira e teve logo uma ideia.

Sonhador: Vou fazer minha casa de madeira, pois quero ter uma casa bem bonita, sem gastar muito tempo.

Narrador 1: Prático, como era muito preocupado e o mais responsável, demorou para achar um bom lugar para construir sua casa. Assim que encontrou, decidiu:

Prático: Quero uma casa sólida e segura; por isso, vou fazê-la de tijolos.

Narrador 2: E Prático ficou dias e dias trabalhando na construção de sua casa.

Narrador 1: O lobo, que vivia morto de fome, começou a sentir cheiro de suculentos porquinhos e saiu pelo caminho farejando e cantando:

(***Música do lobo***)
Eu sou o lobo mau, lobo mau, lobo mau
Eu pego os porquinhos pra fazer mingau!

Narrador 2: De repente, o lobo avistou uma casinha de palha com cheiro de porquinho fresquinho!

Lobo: Porquinho, oh, porquinho! Abra esta porta ou eu a derrubarei.

Travesso: Vá embora, seu lobo, que a porta não vou abrir.

Narrador 1: O lobo, então, encheu o peito de ar, deu um sopro bem forte, e a casa de Travesso foi pelos ares!

Narrador 2: Travesso fugiu bem depressa para a casa de Sonhador e avisou-lhe que o lobo estava vindo atrás dele.

Lobo: Oba! Em vez de um porquinho, agora vou ter dois para comer!
Abram logo esta porta, seus porquinhos! (*Lambendo os beiços.*)

Teatro de sombras: confecção de personagens e texto adaptado da peça *Os três porquinhos*

Os dois porquinhos: Não abriremos, não!
(*Falam tremendo de medo.*)

Narrador 2: O lobo, então, encheu o peito de ar, deu um sopro bem forte, e a casa de Sonhador foi pelos ares!

Narrador 1: Os dois irmãos que estavam sempre cansados, desta vez correram muito e foram para a casa de Prático, gritando:

Os dois porquinhos: Abra! O lobo está atrás de nós! Socorro!

Prático: Entrem! E pode deixar que aqui esse lobo não tem vez!

Narrador 2: O lobo chegou todo feliz, pois agora, em vez de dois, teria três suculentos porquinhos para comer.

Narrador 1: E o lobo pôs-se a gritar:

Lobo: Abram logo esta porta! Vocês sabem do que sou capaz!

Prático: Não e não, seu lobo! Na minha casinha não o deixarei entrar.

Lobo: Vocês é que pediram! Então não reclamem. (*O lobo sopra, e nada acontece.*)

Prático: Viu, seu lobo? Aqui você não entra!

Narrador 2: O lobo, cheio de raiva, tentou entrar na casa de outras maneiras. Disfarçou-se de carneiro, mas não conseguiu enganar Prático.

Narrador 1: Tentou convencê-lo de que desistira. Convidou-o para pegar maçãs em um pomar bem perto, mas Prático, que não era bobo, não caiu na conversa do lobo.

Narrador 2: A raiva do lobo foi aumentando, aumentando, até que ele viu a chaminé e decidiu descer por ela.

Narrador 1: Só que ele não contava com a esperteza do porquinho.

Lobo: Agora, vocês não me escapam. (*E o lobo cai no caldeirão e começa a gritar muito.*)

Narrador 2: É, mas escaparam, sim!

Narrador 1: Porque o lobo caiu em um caldeirão quente.

Narrador 2: Dizem que está correndo até hoje pela floresta e todo sapecado.

Narrador 1: Nem quer ouvir o nome dos três porquinhos.

Narrador 2: Travesso e Sonhador aprenderam a lição e agora vivem felizes com Prático, sempre a cantar:

(***Música final***)
Quem tem medo do lobo mau, lobo mau, lobo mau...
Quem tem medo do lobo mau, tra lá, lá, lá, lá...

Teatro de sombras: criação de uma personagem

Exemplo:

NAMASHUD/SHUTTERSTOCK

FICHA 38 Escultura

A escultura é uma forma de expressão artística que consiste em esculpir em pedra, madeira ou outros materiais; modelar; ou juntar materiais criando uma obra de arte que apresenta volume.

SHHEWITT/CREATIVE COMMONS

SHUTTERSTOCK

Escultura em madeira.

Observe essa escultura da Virgem Maria com um véu. Ela foi produzida em mármore Carrara, em Roma, Itália, pelo famoso escultor italiano Giovanni Strazza, em meados do século XIX. A escultura mostra a mulher com um véu sobre o rosto, dando a impressão de um tecido leve e transparente; porém, tudo foi feito em pedra.

SHUTTERSTOCK

Escultura feita com modelagem em papel machê.

© LLOYD, LISA/ AUTVIS, BRASIL, 2023

Camaleão, de Lisa Llloyd. Escultura em papel.

FICHA 39
PARTE 1

Escultura em papel machê

Papel machê é um termo de origem francesa, *papier mâché*, que significa "papel picado, amassado e esmagado". É uma massa feita com papel picado e embebido em água, coado e misturado com cola. Com essa massa, é possível modelar objetos decorativos e até utilitários.

ACERVO DAS AUTORAS

Escultura em papel machê

ACERVO DAS AUTORAS

FICHA 40 Escultura com papelão

A escultura é uma obra de arte em 3D, ou seja, apresenta três dimensões: altura, largura e profundidade ou comprimento, enquanto a arte feita sobre papel, tela ou outro suporte plano é bidimensional, pois apresenta apenas duas dimensões: altura e largura.

ACERVO DAS AUTORAS

Arte e cultura indígenas: a arte de Jaider Esbell

FOTO: BRUNO LEÃO © GALERIA JAIDER ESBELL DE ARTE INDÍGENA CONTEMPORÂNEA

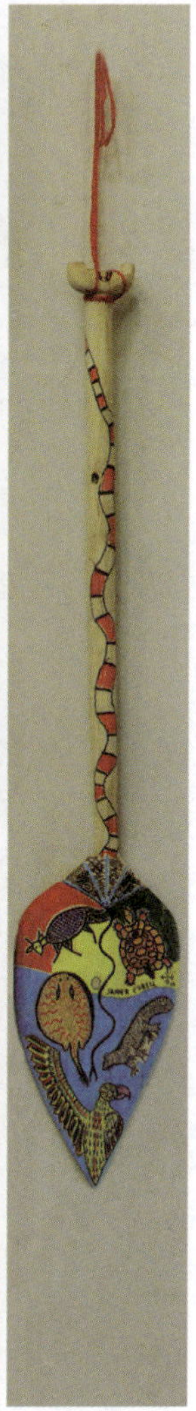

Pata Ewa'n – o coração do mundo (2016), de Jaider Esbell. Acrílica sobre tela, 230 cm × 250 cm.

Jaider Esbell (1979-2021)

Jaider Esbell nasceu em 1979 em Normandia, Roraima, e faleceu em São Paulo, em 2021. Do povo Macuxi, foi escritor e artista plástico. Seus desenhos, suas pinturas, seus vídeos, suas *performances* e seus textos foram baseados em sua vivência na Amazônia. Realizou trabalhos de arte-educação em várias comunidades indígenas, quilombolas e ribeirinhas. Em 2016, ganhou o Prêmio Pipa e foi convidado para a 34ª Bienal de Arte em São Paulo.

Arte e cultura indígenas: a arte de Jaider Esbell

ACERVO DA EDITORA

FICHA 42

Dançando e desenhando

A dança na arte visual

Keith Haring (1958-1990)

Keith Haring foi um artista que nasceu em 4 de maio de 1958, nos Estados Unidos. É, sem dúvida, um dos nomes mais importantes e influentes da cultura e da arte de rua dos anos 1980. É um ícone de sua geração. Haring morreu muito jovem, aos 31 anos, em 16 de fevereiro de 1990, mas deixou um marco na arte contemporânea.

SHUTTERSTOCK/VEETHEBEE

Três figuras dançando (1989), de Keith Haring. Escultura em aço pintado, instaladas na área externa do Young Museu, São Francisco, EUA.

A dança na arte visual

ACERVO DA EDITORA

A dança na arte visual

O que é *selfie*?

Você deve estar se perguntando: por que há uma obra de arte na ficha se estamos estudando a *selfie*, que é um recurso fotográfico?
A *selfie* nada mais é que um autorretrato; porém, em vez de ser uma pintura, é feita por meio da fotografia, mais especificamente com a câmera frontal dos *smartphones*.
O autorretrato é uma obra de arte que apresenta o artista como sujeito da obra. A maioria dos artistas sempre fez autorretratos, como Rembrandt, que pintou cerca de 100 autorretratos.

MUSEU METROPOLITANO DE ARTE, NOVA YORK, EUA.

Autorretrato (1660), de Rembrandt. Óleo sobre tela, 80,3 cm × 67,3 cm.

SHUTTERSTOCK

SHUTTERSTOCK

SHUTTERSTOCK

FICHA 45 A arte de fazer *selfies*

Antes de fazer as *selfies*, leia as dicas a seguir.

Dicas para fazer uma boa *selfie*

- **Iluminação**

Escolher uma boa iluminação é fundamental para fazer *selfies* perfeitas. Para isso, preste atenção no ambiente onde você está; se estiver em lugar aberto, muito claro com a luz do sol, procure uma área com mais sombra; se estiver em lugar fechado, procure uma fonte de luz adequada.

- **Plano de fundo**

Atenção ao plano de fundo! Preocupe-se em escolher o melhor fundo para a sua fotografia; evite mostrar o que não quer que os outros vejam.

- **Aparência**

Cuidado com a aparência! Para que uma *selfie* seja de boa qualidade, observe se suas roupas estão ajeitadas, e seu cabelo, arrumado.

- **Caretas**

Enrugar os lábios para fazer uma *selfie* pode criar um efeito "cara de pato"; por isso, cuidado com as caretas.

- **Sorriso**

Sorria! Isso não só melhorará suas características como também a qualidade geral da *selfie*. Um sorriso sempre desperta emoções positivas nos outros!

- **Bastão de *selfie***

Se você quer fazer uma *selfie* em grupo ou que seu corpo apareça, o bastão de *selfie* é muito indicado; assim, você não correrá o risco de cortar alguns amigos ou ficar com metade do rosto fora da fotografia.

Depois de fazer suas *selfies*, deixe aqui um registro de quais foram suas dificuldades e o que achou de mais interessante nessa atividade.

O movimento expressionista no mundo e no Brasil

O Expressionismo surgiu na Alemanha, no início do século XX, e foi um movimento artístico vanguardista que influenciou várias gerações de artistas plásticos.
Nesse movimento, os artistas abriam mão das regras da pintura clássica ao expressarem mais as próprias emoções que a realidade, criando obras com algumas deformidades, de acordo com os sentimentos.

GALERIA NACIONAL DE OSLO

O Grito (1893), de Edvard Munch. Óleo sobre tela, tempera e pastel sobre cartão, 91 cm × 73,5 cm.

MUSEU DE ARTE MODERNA DE NOVA YORK

Noite estrelada (1889), de Van Gogh. Óleo sobre tela, 73,7 cm × 92.1 cm.

MUSEO THYSSEN-BORNEMISZA, MADRI, ESPANHA

The dream (1912), de Franz Marc. Óleo sobre tela, 100,5 cm × 135,5 cm.

O movimento expressionista no mundo e no Brasil

FUNDAÇÃO IBERÊ CAMARGO.

Paisagem (1941), de Iberê Camargo. Óleo sobre cartão, 24 × 35 cm. Acervo Fundação Iberê.

PINACOTECA DO ESTADO DE SÃO PAULO, BRASIL

Bananal (1927), de Lasar Segall. Óleo sobre tela, 87 cm × 127 cm.

FICHA 47 Releitura da obra *Noite Estrelada*, de Van Gogh

Realize a atividade na ficha correspondente, no **Material complementar**. Observe o modelo a seguir.

ACERVO DAS AUTORAS

Autorretrato

O autorretrato é definido como um retrato que a pessoa faz de si mesma, independentemente de ser um desenho, uma pintura, uma gravura, uma colagem ou outra técnica qualquer.

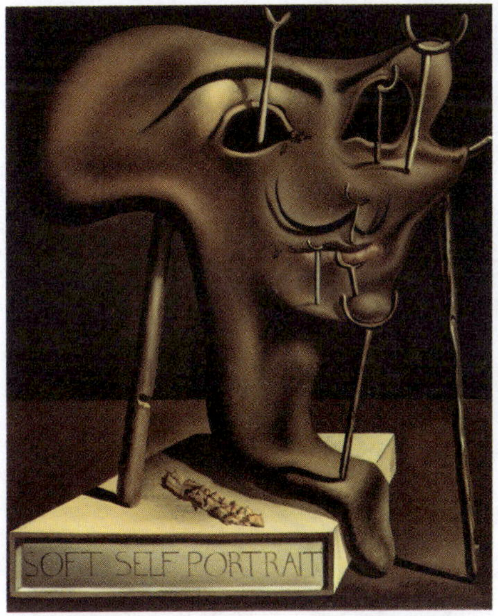

Autorretrato mole com bacon *frito* (1941), de Salvador Dalí. Óleo sobre tela, 61cm × 51cm.

Autorretrato com Chapéu de Palha (1887), de Vincent van Gogh. Óleo sobre tela, 44,5 cm × 37,2 cm.

Autorretrato (1907), de Pablo Picasso. Óleo sobre tela, 80 cm × 63 cm.

Autorretrato (1515), de Leonardo da Vinci. Aquarela em papel, 33,5 cm × 21,3 cm.

FICHA 48

PARTE 2

Autorretrato

FICHA 49

Fotografia: a arte de fotografar

Alguns artistas usam a fotografia como modo de expressão. Observe as fotos da ficha, algumas em preto e branco, outras coloridas. Cada uma tem sua expressão. Qual delas você acha mais interessante? Por quê? O que pode dizer de cada uma delas? Um fotógrafo brasileiro muito conhecido, Sebastião Salgado, disse: "quem não gosta de esperar não pode ser fotógrafo", o que você acha desta frase?

JOHAN SWANEPOEL/SHUTTERSTOCK

LISI4KA/SHUTTERSTOCK

MINAKRYN RUSLAN/SHUTTERSTOCK

EUGENE MYNZUL/SHUTTERSTOCK

FICHA 50 PARTE 1

Pintura em tela com tinta acrílica

A tinta acrílica foi criada na década de 1940, e sua composição é à base de resinas acrílicas e pigmentos naturais ou sintéticos, solúveis em água, que, após a secagem, se transformam em uma película sólida muito resistente.

A tinta acrílica é muito fácil de usar; quando misturada a um pouco de água, adquire consistência pastosa, fácil de espalhar.

Aqui, mostramos o passo a passo para pintar um farol, mas você poderá pintar o desenho que quiser!

ACERVO DAS AUTORAS

Pintura em tela com tinta acrílica

MATERIAL COMPLEMENTAR

ACERVO DA EDITORA

MATERIAL COMPLEMENTAR

MATERIAL COMPLEMENTAR

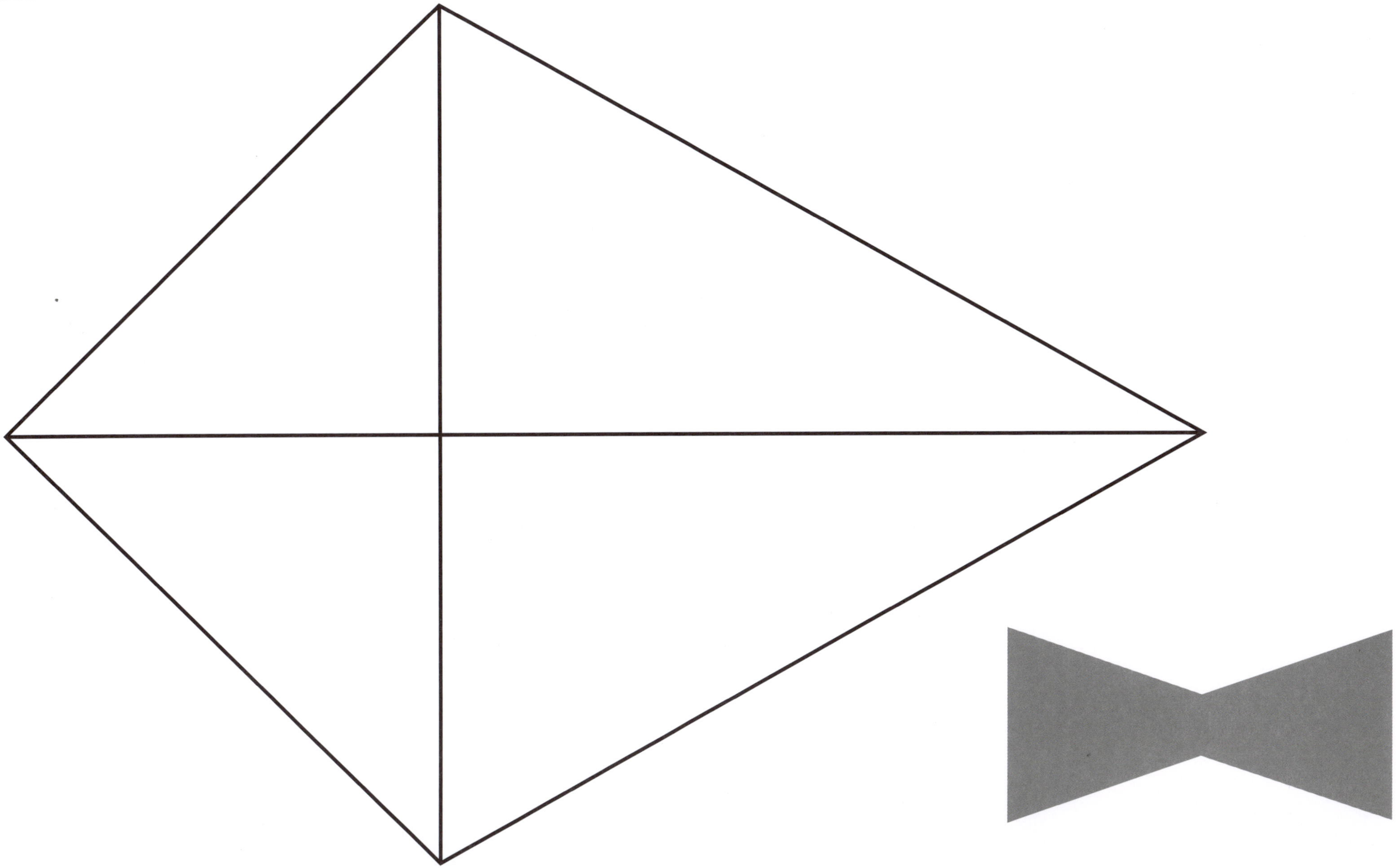

ACERVO DA EDITORA

MATERIAL COMPLEMENTAR

ACERVO DA EDITORA

MATERIAL COMPLEMENTAR

NASKAMI/SHUTTERSTOCK

MATERIAL COMPLEMENTAR

RECORTE

DOBRE

ACERVO DA EDITORA

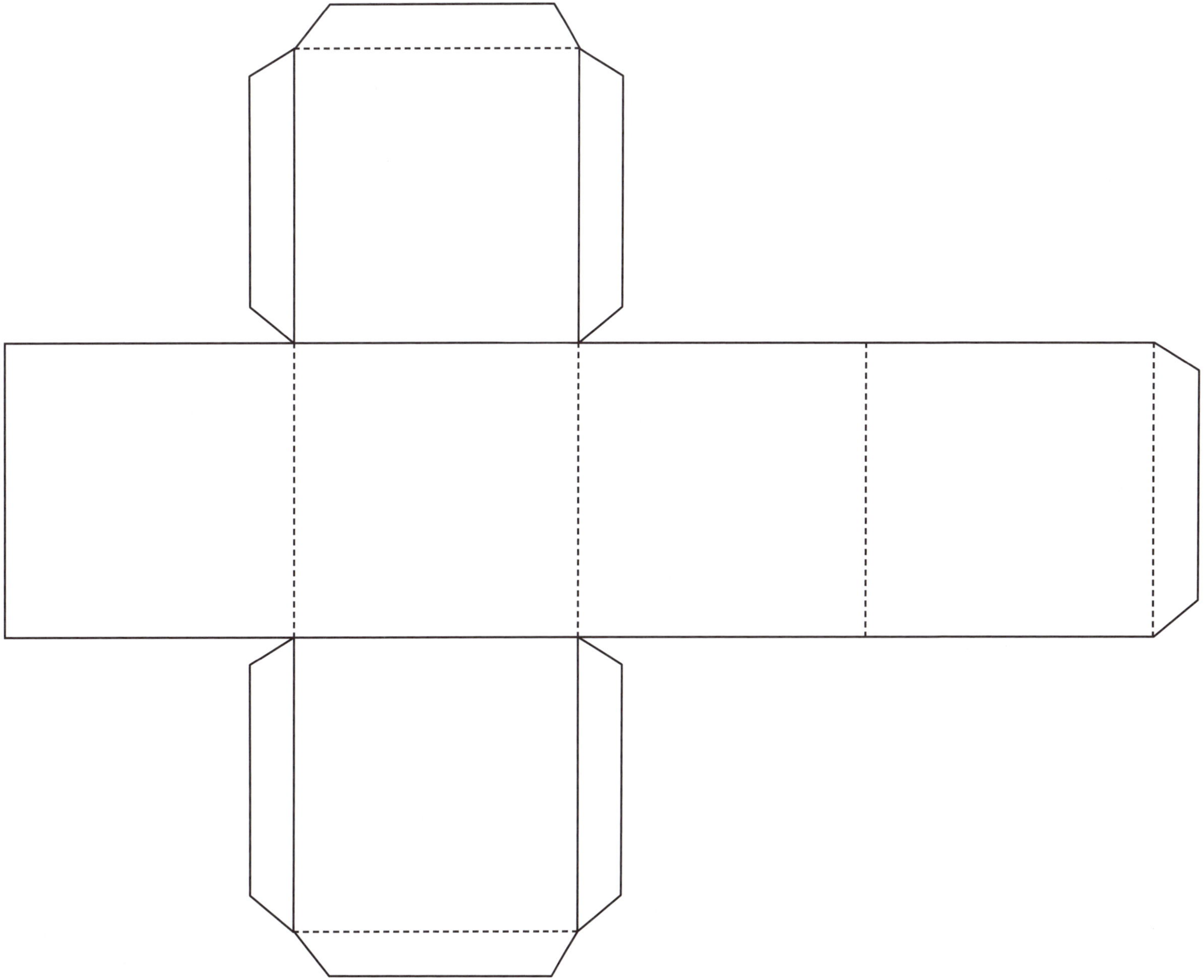

MATERIAL COMPLEMENTAR

ACERVO DAS AUTORAS

MATERIAL COMPLEMENTAR

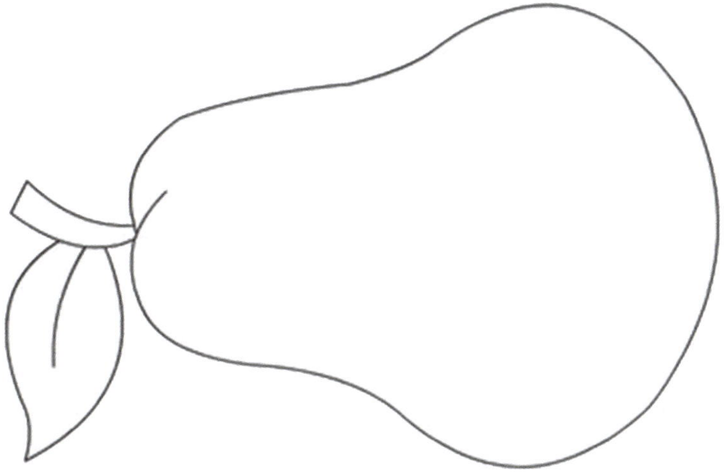

ACERVO DAS AUTORAS

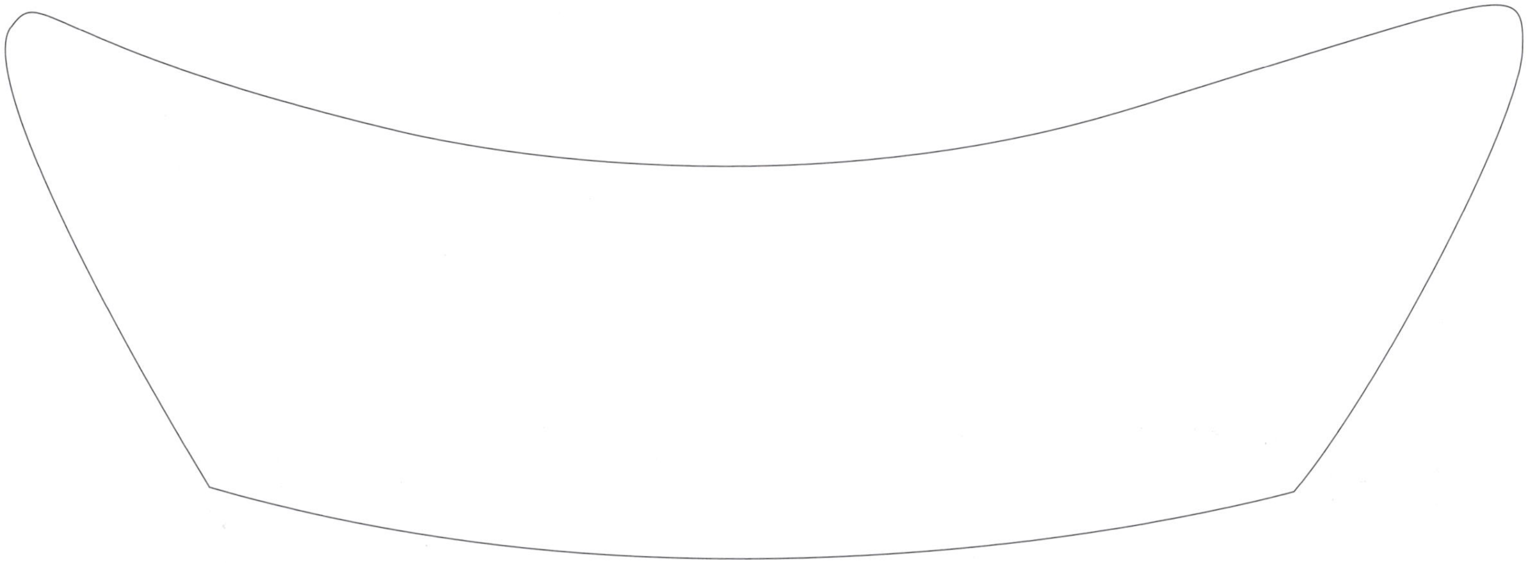

MATERIAL COMPLEMENTAR

MATERIAL COMPLEMENTAR

ACERVO DA EDITORA

MATERIAL COMPLEMENTAR

ACERVO DA EDITORA

Datas comemorativas

Carnaval

PARTE 1

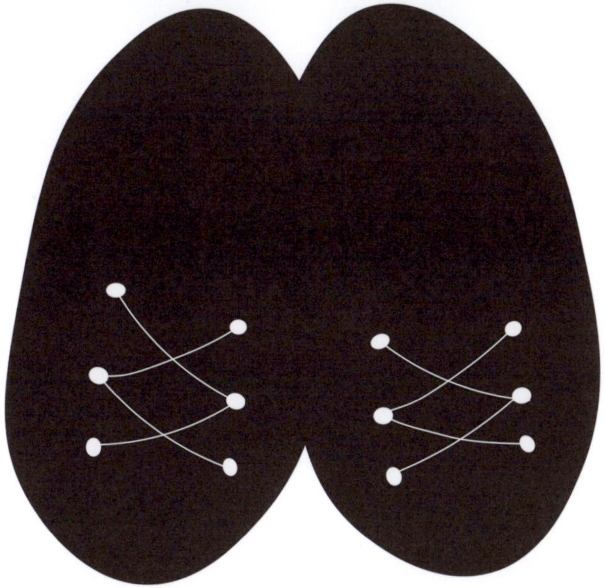

ACERVO DAS AUTORAS

NOME: ______________________________

PARTE 2

CARNAVAL

NOME: ____________________________________

Páscoa

PARTE 1

ACERVO DAS AUTORAS

ACERVO DA EDITORA

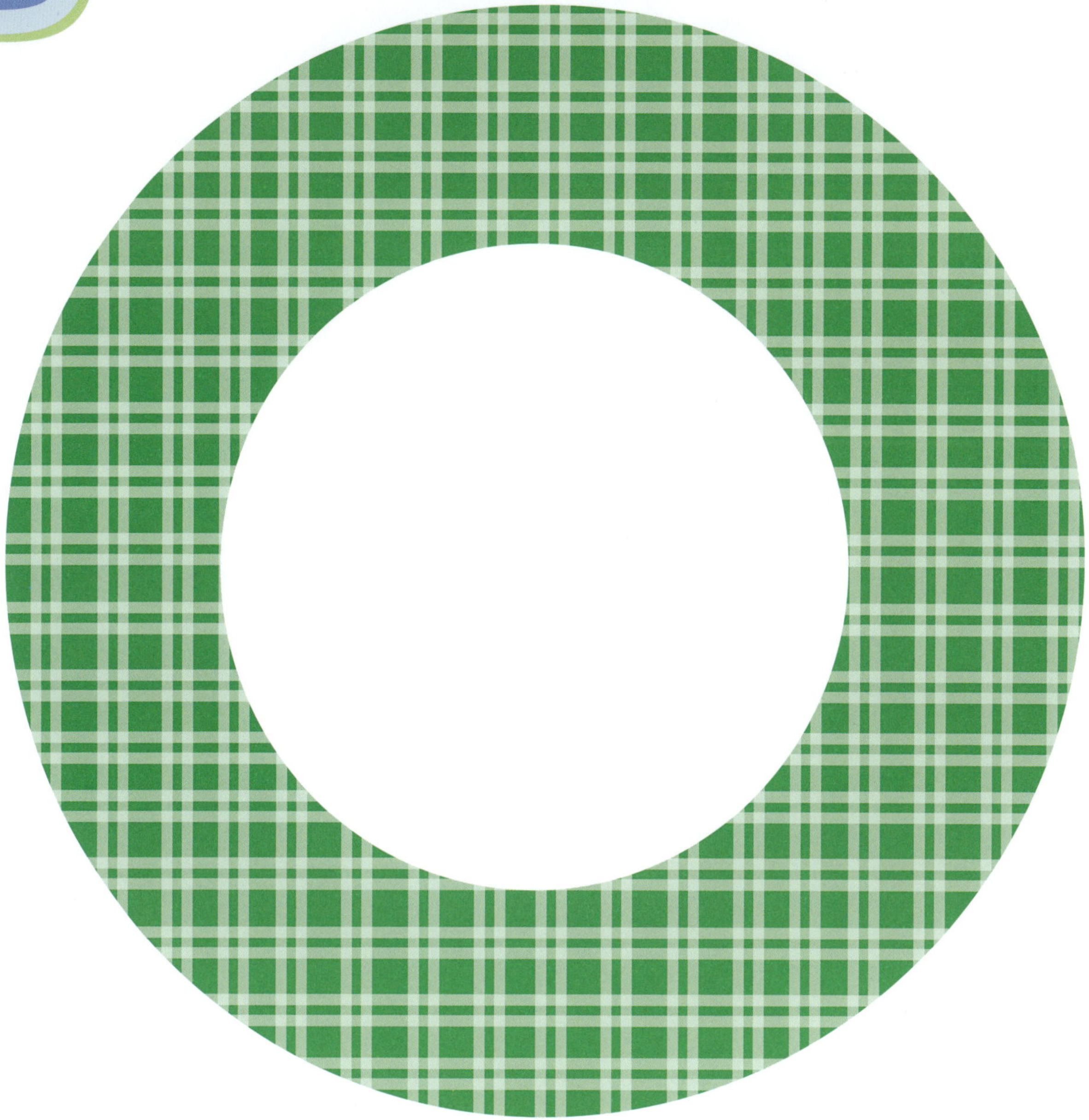

ACERVO DA EDITORA

NOME: ____

Páscoa

PARTE 2

IMAGENS: SHUTTERSTOCK

NOME: ____

Dia dos Povos Indígenas

PARTE 1

Os indígenas usam várias fibras naturais para trançar e criar cestas, redes, potes, peneiras e outros objetos.
As fibras mais usadas são folhas, palmas, cipós e talas. Elas são tingidas e usadas nos trabalhos, realizado por homens e mulheres.
Cada tribo tem cores e um tipo de diferente de trançado.

SHUTTERSTOCK

SHUTTERSTOCK

SHUTTERSTOCK

NOME: ______________________________

Parte integrante do livro Arte e Habilidade – 5º ano

Dia dos Povos Indígenas

PARTE 2

NOME: ____

Dia das Mães

ACERVO DA EDITORA

NOME: ______________________________

Festas Juninas

PARTE 1

ACERVO DA EDITORA

SHUTTERSTOCK

NOME: ______________________________________

Parte integrante do livro Arte e Habilidade – 5º ano

PARTE 2

ACERVO DA EDITORA

SHUTTERSTOCK

NOME: ______________________________

Dia dos Pais

PARTE 1

COLAR	Nas	Tuas Mãos	Eu me	Seguro!	COLAR

ACERVO DA EDITORA

ACERVO DA EDITORA

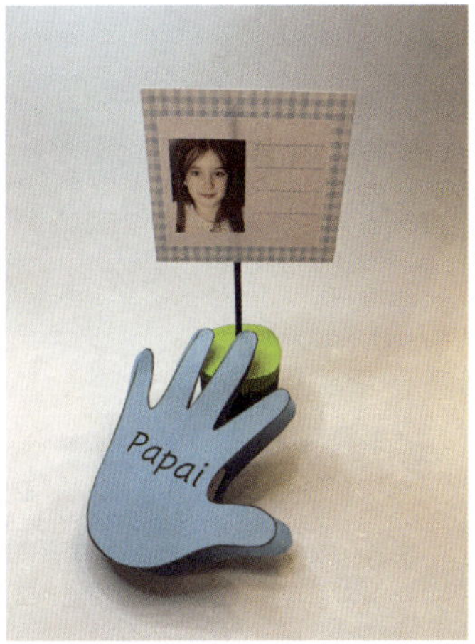

ACERVO DAS AUTORAS

NOME: ______________________

Dia dos Pais

PARTE 2

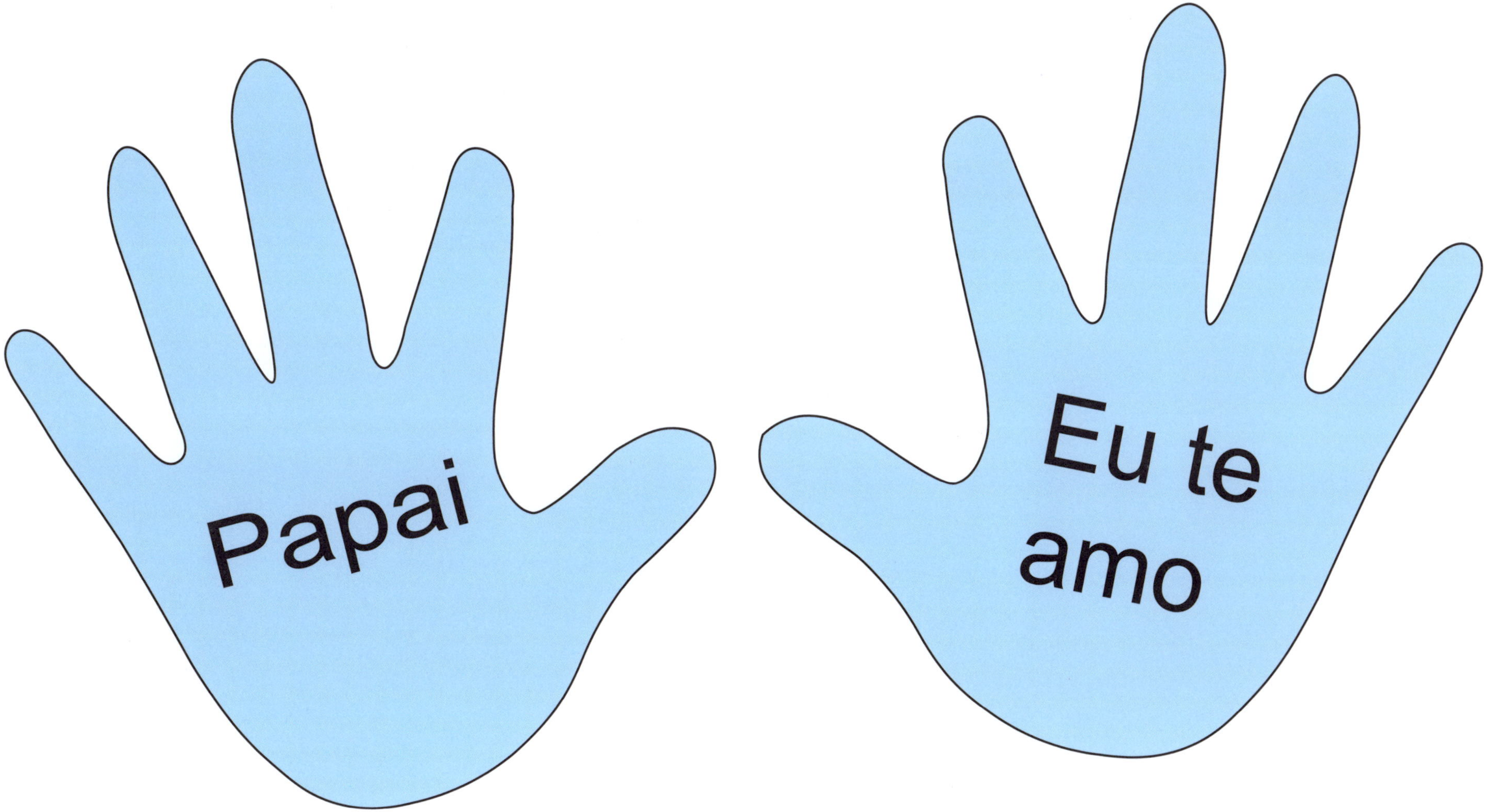

ACERVO DA EDITORA

NOME: ______________________________________

Folclore

PARTE 1

1. O rato roeu a roupa do rei de Roma.
2. Em rápido rapto, um rápido rato raptou três ratos sem deixar rastros.
3. O rato roeu a rolha da garrafa de rum do rei da Rússia.
4. Três pratos de trigo para três tigres tristes.
5. Um tigre, dois tigres, três tigres.
6. O sabiá não sabia que o sábio sabia que o sabiá não sabia assobiar.
7. Atrás da porta torta tem uma porca morta.
8. Toco preto, porco fresco, corpo crespo.
9. Quem a paca cara compra, paca cara pagará.
10. Um ninho de mafagafos tinha sete mafagafinhos. Quem desmafagar esses mafagafinhos bom desmagafigador será.

SHUTTERSTOCK

Era uma bruxa à meia-noite, em um castelo mal-assombrado, com uma faca na mão passando pão.

SHUTTERSTOCK

Gato escondido com rabo de fora tá mais escondido que rabo escondido com gato de fora.

SHUTTERSTOCK

Olha o sapo dentro do saco, o saco com o sapo dentro. O sapo batendo papo, e o papo soltando vento.

SHUTTERSTOCK

A casinha da vovó, cercadinha de cipó, o café está demorando, com certeza não tem pó.

NOME: ______________________________

PARTE 2

NOME: ______________________________

Parte integrante do livro Arte e Habilidade – 5º ano

PARTE 1

ACERVO DA EDITORA

ACERVO DA EDITORA

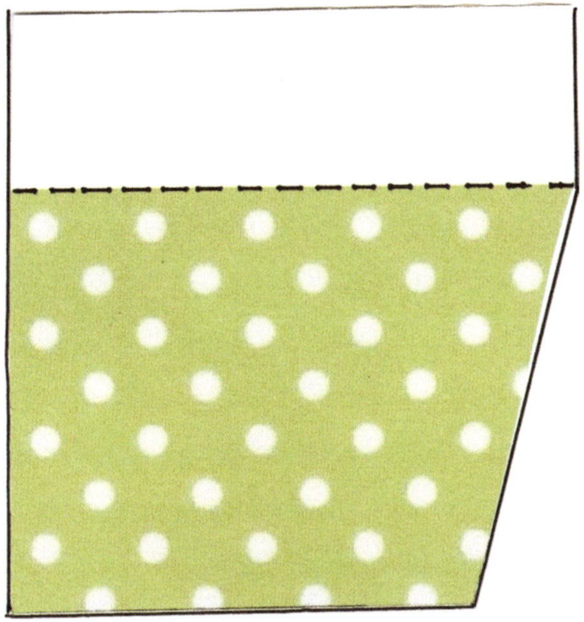

NOME: ______________________________________

PARTE 2

NETNITHIKON/SHUTTERSTOCK

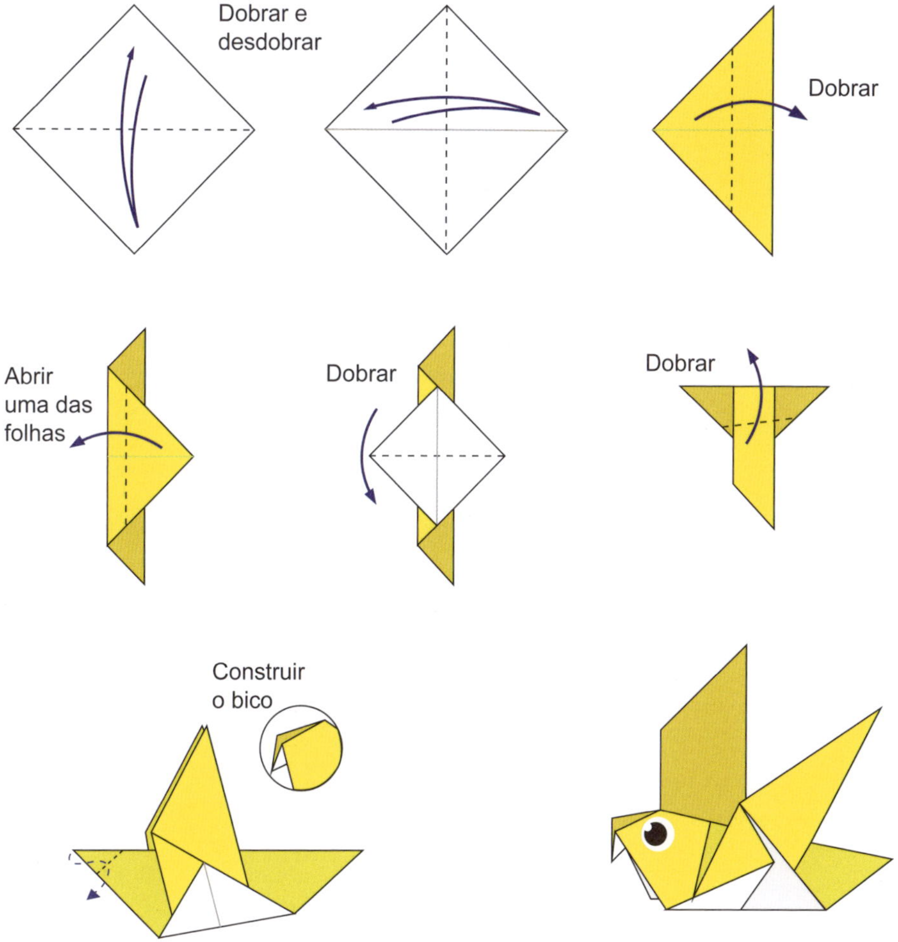

ACERVO DA EDITORA

NOME: ______________________________

PARTE 1

KROOMJAI/SHUTTERSTOCK

NOME: ______________________________

PARTE 2

1	2	3	4	5	6	7	8
9	10	11	12	13	14	15	16
17	18	19	20	21	22	23	24
25	26	27	28	29	30	31	32
33	34	35	36	37	38	39	40

NOME: ____

PARTE 2

41	42	43	44	45	46	47	48
49	50	51	52	53	54	55	56
57	58	59	60	61	62	63	64
65	66	67	68	69	70	71	72
73	74	75					

ACERVO DA EDITORA

NOME: ______________________________

PARTE 1

1

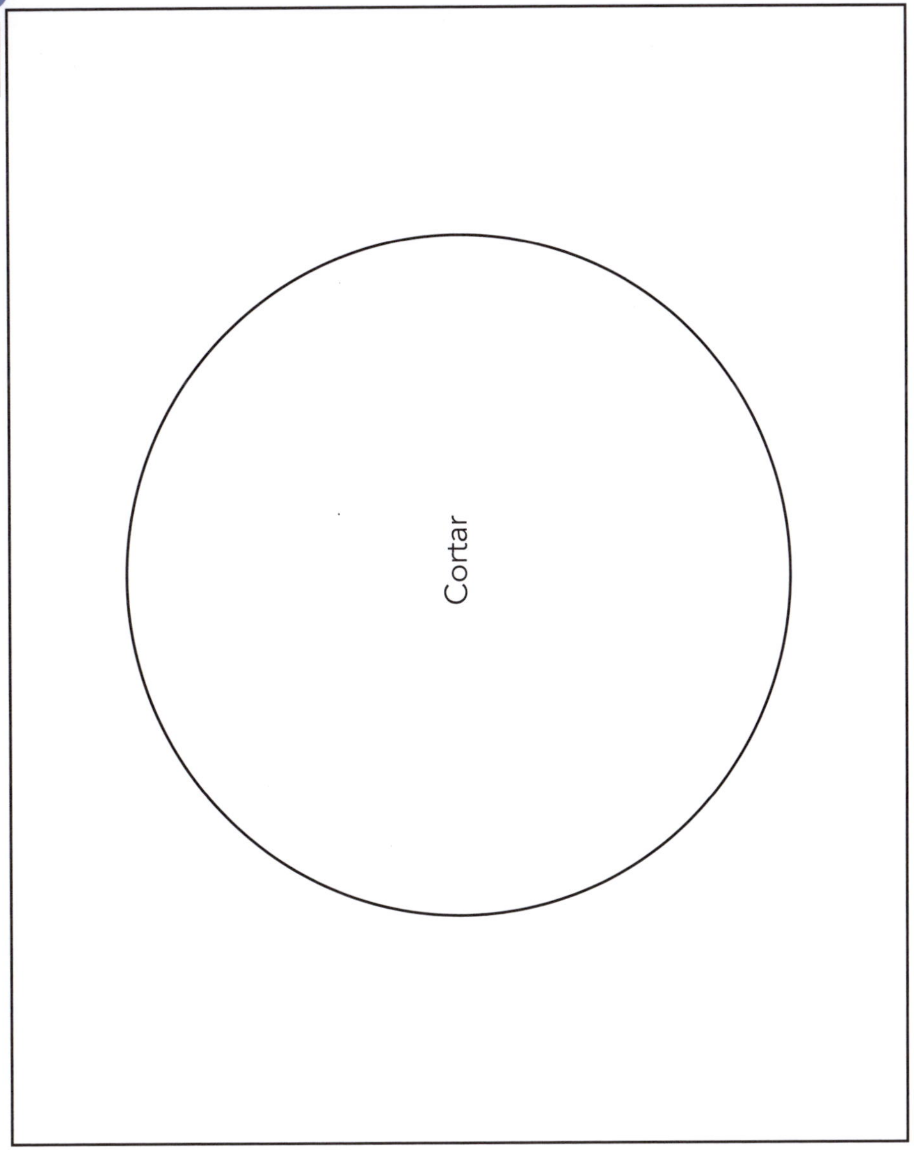

2

NOME: ______________________________

PARTE 2

3

FREEPIK

4

ACERVO DAS AUTORAS

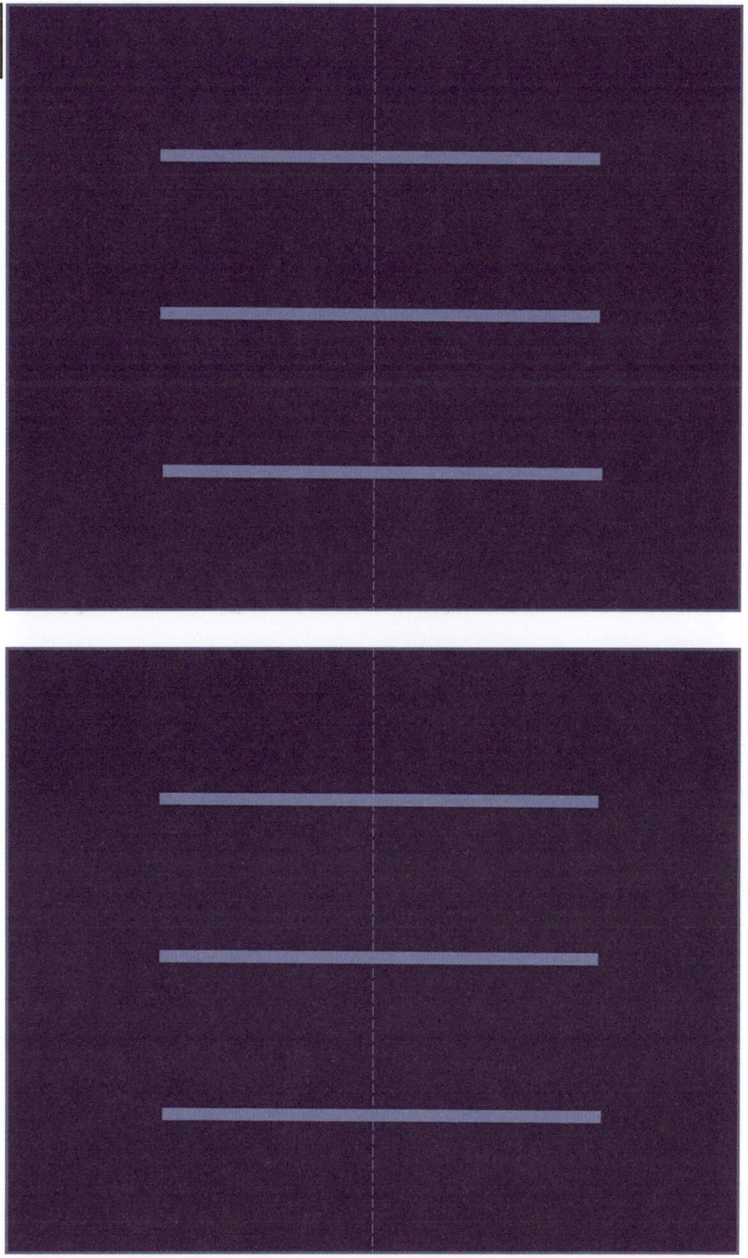

NOME: ______________________________

Datas comemorativas – Dia das Mães

SHUTTERSTOCK

Datas comemorativas – Primavera

SHUTTERSTOCK

Datas comemorativas – Natal

SHUTTERSTOCK

Datas comemorativas – Primavera – Olhos do passarinho (dobradura)

ACERVO DA EDITORA